lonely planet kids

Komm mit nach BARCELONA

Moira Butterfield

VON OBEN
SOUNDS UND MEHR
TIERISCH!
URALTE GESCHICHTEN
STRASSENFESTE
PERFEKTE PARKS
DELICIOSO!
WASSERSPASS
GAUDÍS STADT
SPORTSTADT
UNTERWEGS ENTDECKT
BARCELONAS STIL
ZUM STAUNEN
LOS GEHT'S!
KUNSTSTADT
GESPENSTISCH!

Hi... wir sind Amelia und Marco und wir schlagen dir 16 geniale Touren vor.

Die Sticker auf dem Stadtplan markieren die Ausgangspunkte. Wir garantieren dir, dass du auf jeder Tour ein paar spannende Geheimnisse der Stadt kennenlernen wirst. Die vielen coolen Fakten werden dich einfach umhauen. Egal, ob du nun ein Schleckermaul, ein Sportfanatiker oder ein Filmexperte bist!

INHALT

SEITENZAHL

URALTE GESCHICHTEN

Barcelona ist über 2000 Jahre alt. Kein Wunder, dass es so viele Legenden über diese Stadt gibt. Starte eine Zeitreise und entdecke ein paar geschichtsträchtige Orte.

START

CARRER GRAN DE GRÀCIA

CASA DE LES PUNXES

SÜSSER UMZUG

CARRER GRAN DE GRÀCIA

1828 wurde der Bäcker Josep Vidal i Granés, der in Barcelonas Stadtteil Gràcia wohnte, sehr krank. Er gelobte, dass er – falls er wieder gesund würde – jedes Jahr zur Klause des Heiligen Sankt Medir pilgern würde, was er dann auch tat. Als er zurückkam, verteilte er Saubohnen an die Menschen auf der Straße. Aber warum gerade Saubohnen? Weil sie in der Legende des Sankt Medir vorkommen. Im Lauf der Zeit wurde aus der Pilgerfahrt des Bäckers ein großes Frühjahrsfest, das Sankt-Medir-Festival. Entlang der Festzugsstrecke werden heute statt Saubohnen Unmengen Süßigkeiten in die Menschenmenge geworfen. Deshalb wird das Fest auch *pluja de caramels* (Bonbonregen) genannt.

DER DRACHENTÖTER

CASA DE LES PUNXES

Das mittelalterlich anmutende Haus verdankt seinen Namen „Haus der Spitzen" den spitz zulaufenden Dächern. Es wurde vor über 100 Jahren entworfen und sollte wie ein Schloss aussehen, in dem sich ein Held wie Sant Jordi (Heiliger Georg) wohlfühlen würde. Im Inneren des Gebäudes gibt es eine Ausstellung über Barcelonas beliebtesten Heiligen – einen mutigen Ritter, der mit seinem heiligen Schwert einen Drachen getötet und so eine Prinzessin gerettet haben soll.

ROTE ROSEN WUCHSEN DORT, WO DAS BLUT DES DRACHEN FLOSS. GEORG ÜBERREICHTE DER PRINZESSIN EINE DAVON. IN BARCELONA SCHENKEN DESHALB ROMANTISCH VERANLAGTE MÄNNER IHREN LIEBSTEN AM GEORGSTAG (23. APRIL) ROTE ROSEN.

DER BAUMWERFER

PLAÇA DEL PI

Dieser Platz wurde nach einer hier wachsenden Kiefer benannt. Der Legende nach tauchte vor den Toren der Stadt einst ein Riese auf, der eine entwurzelte Kiefer als Gehstock benutzte. Da die Torwächter dachten, er wolle den Baum klein hacken und das Holz verkaufen, verlangten sie von ihm einen Wegezoll. Daraufhin verlor der wütende Riese seine Beherrschung und warf den Baum über die Stadtmauern. Er landete hier auf diesem Platz und begann zu wachsen.

PLAÇA DEL PI

GIGANTISCHE KÖNIGE UND KÖNIGINNEN

ÜBERALL IN BARCELONA

Auf den meisten Festen spielen *gegants* (Riesen) eine wichtige Rolle. Sie stellen Figuren aus der Bibel, der Geschichte und aus Legenden dar und stolzieren tanzend durch die Stadt. Barcelona hat seine eigenen offiziellen Riesen: König Jaume (Jakob) und seine Gattin, Violante, die immer an dem großen La Mercè Festival im September (s. Seite 28) teilnehmen. Im 13. Jahrhundert rettete König Jaume I. Barcelona vor den französischen Truppen und verdiente sich so den Status eines Helden. Wenn das gigantische Königspaar nicht durch die Straßen der Stadt zieht, lebt es im Rathaus von Barcelona.

ÜBERALL IN BARCELONA

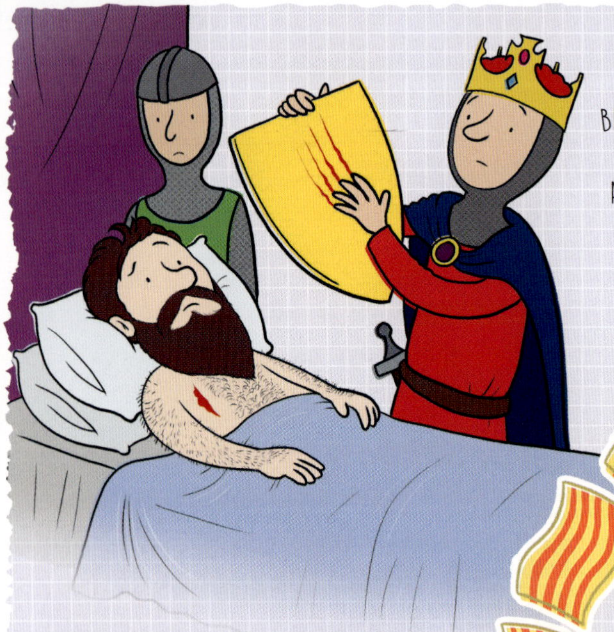

DIE KATALANISCHE FAHNE WIRST DU IN BARCELONA OFT ENTDECKEN. SIE HAT VIER ROTE STREIFEN AUF GOLDFARBENEM UNTERGRUND. ALS WILFRIED IN EINER SCHLACHT VERWUNDET WURDE, KENNZEICHNETE MAN SEINEN GOLDFARBENEN SCHILD MIT VIER BLUTSTREIFEN.

KATHEDRALE VON BARCELONA

HAARIGER HELD

DRACHENTÖTER UND NATIONSBEGRÜNDER

Wilfried der Haarige vereinte die Region im 9. Jahrhundert und gilt als Gründer von Katalonien. An einer Seite der Kathedrale ist in Stein gehauen, wie er gerade mit einem Drachen kämpft. Er soll den Drachen getötet und ihn dann mit nach Hause genommen haben. Damit ihn auch jeder sehen konnte, stolzierte er mit ihm durch die ganze Stadt. Seinen witzigen Spitznamen verdankt er wahrscheinlich seiner Mutter, die allen erzählte, er habe ein behaartes Hinterteil. Vielen Dank, Mama!

GIB DAS ZURÜCK!

KATHEDRALE VON BARCELONA

Der vollständige Name der Kathedrale lautet *La Catedral de la Santa Creu i Santa Eulàlia*, die Einheimischen nennen sie aber nur kurz *La Seu*. Sie ist der Heiligen Eulalia geweiht, die hier auch beerdigt ist. Um 303 n. Chr. wurde die damals 13-Jährige von den Römern wegen ihres christlichen Glaubens umgebracht. Ursprünglich woanders beigesetzt, wurde ihr Sarg viel später in die *La Seu* gebracht. Unterwegs stibitzte ein Priester einen ihrer Finger als Andenken. Daraufhin wurde der Sarg immer schwerer, bis ihn niemand mehr tragen konnte. Ein Engel erschien und zeigte auf den diebischen Priester. Er musste den Finger zurück in den Sarg legen, der dann prompt wieder leichter wurde.

DIE STELLE, AN DER DER ENGEL ERSCHIENEN SEIN SOLL, HEISST HEUTE PLAÇA DE L'ÀNGEL (ENGELSPLATZ). DAS FEST DER HEILIGEN EULALIA FINDET ALLJÄHRLICH IM FEBRUAR STATT.

KATHEDRALE VON BARCELONA

DIE LEGENDE DES NAMENS

BARCELONA MARINA

Es wird gemunkelt, dass Barcelona von den alten Griechen gegründet wurde. Der Legende nach waren der große Held Herakles und seine Krieger mit neun Schiffen in dieser Gegend unterwegs, als ein furchtbarer Sturm ausbrach. Das neunte Schiff ging verloren, wurde schließlich aber am Fuß des Montjuïc – so heißt der Berg am Hafen – gefunden. Herakles verliebte sich in diese Gegend und beschloss, ihr den Namen *barca* (Boot) und *nona* (neunte) zu geben.

BARCELONA MARINA

RITTER MIT SPLEEN

STRAND VON BARCELONETA

STRAND VON BARCELONETA

Barceloneta ist ein Stadtteil Barcelonas. Sein Strand hat seinen großen Auftritt in einem der berühmtesten spanischen Romane, *Don Quijote* von Miguel de Cervantes (1547–1616). In dem Roman beschließt Don Quijote, ein bedeutender Ritter zu werden, und zieht als Narr zusammen mit seinem treuen Diener Sancho Panza durchs Land. Am Strand von Barceloneta fordert ihn der mysteriöse Ritter vom silbernen Mond zum Kampf, besiegt ihn und gibt sich dann als alter Freund zu erkennen. Don Quijote muss versprechen, nach Hause zurückzukehren und mit seinen Verrücktheiten aufzuhören.

TIERISCH!

In Barcelona kannst du vielen Tieren begegnen: Schildkröten, Schlangen, Springspinnen, heiligen Gänsen, einer uralten Katze und sogar einem spanischen Krokodil!

NATURGESCHICHTE

NATURKUNDEMUSEUM

Die Geheimnisse des Lebens auf der Erde werden im Museu Blau, Barcelonas Naturkundemuseum, gelüftet. Hier kannst du alle möglichen Pflanzen, Tiere, Steine und Fossilien bestaunen.

EINE ZEITREISE!

Die Hauptausstellung des Museums heißt *Planeta Vida* (Planet Leben). Sie nimmt dich mit auf eine Reise von der Entstehung des Universums bis in unsere Zeit und führt dich durch 13,8 Milliarden Jahre, vom Urknall über die Anfänge der Erde, die allerersten winzigen Lebensformen, vorbei an Dinosauriern und den ersten Säugetieren bis hin zu dir!

NATURKUNDE-MUSEUM

ALS ES IN SPANIEN KROKODILE GAB

In der Kreidezeit, also vor etwa 100 Millionen Jahren, lebten in Europa Krokodile. In einem Teil Kataloniens namens Noguera wurden die versteinerten Reste von einem 570 mm langen Krokodil gefunden, die du dir im Museum anschauen kannst. Das Krokodil ist zwar ein Winzling, aber auch ein ganz unglaublich seltener Fund.

NICHT BEISSEN, BITTE!

Der Star des Museums ist ein riesiges gruseliges Reptil, das zu Lebzeiten alles auffraß, was ihm vors Maul kam! Es lebte vor 80 Millionen Jahren tief unten im Meer. Hier siehst du die Nachbildung des Skeletts einer riesigen Meerechse namens *Prognathodon*. Das Originalskelett des furchterregenden Reptils wurde in Colorado, USA, gefunden.

KLINGT GUT!

WILLST DU WISSEN, WIE SICH EINIGE TIERE UND ORTE ANHÖREN? DAS MUSEUM HAT EIN GROSSES SCHALLARCHIV MIT GERÄUSCHEN DER NATUR, DIE VIELE EXPONATE ERGÄNZEN. TAUSENDE KLÄNGE! ÜBERALL IM MUSEUM KANNST DU DEN UNTERSCHIEDLICHSTEN TÖNEN LAUSCHEN, ZUM BEISPIEL AUS DEM LEBEN IM MONTSENY-GEBIRGE NÖRDLICH VON BARCELONA. DAS GEHT GANZ EINFACH: DU MUSST DICH IN DEN AUSSTELLUNGSRÄUMEN NUR HINSETZEN UND DIE AUGEN SCHLIESSEN.

DAS MUSEUMSGEBÄUDE IST DUNKELBLAU GESTRICHEN UND MIT SPIEGELN VERSEHEN, IN DENEN SICH DER HIMMEL UND DAS NAHE MEER SPIEGELN.

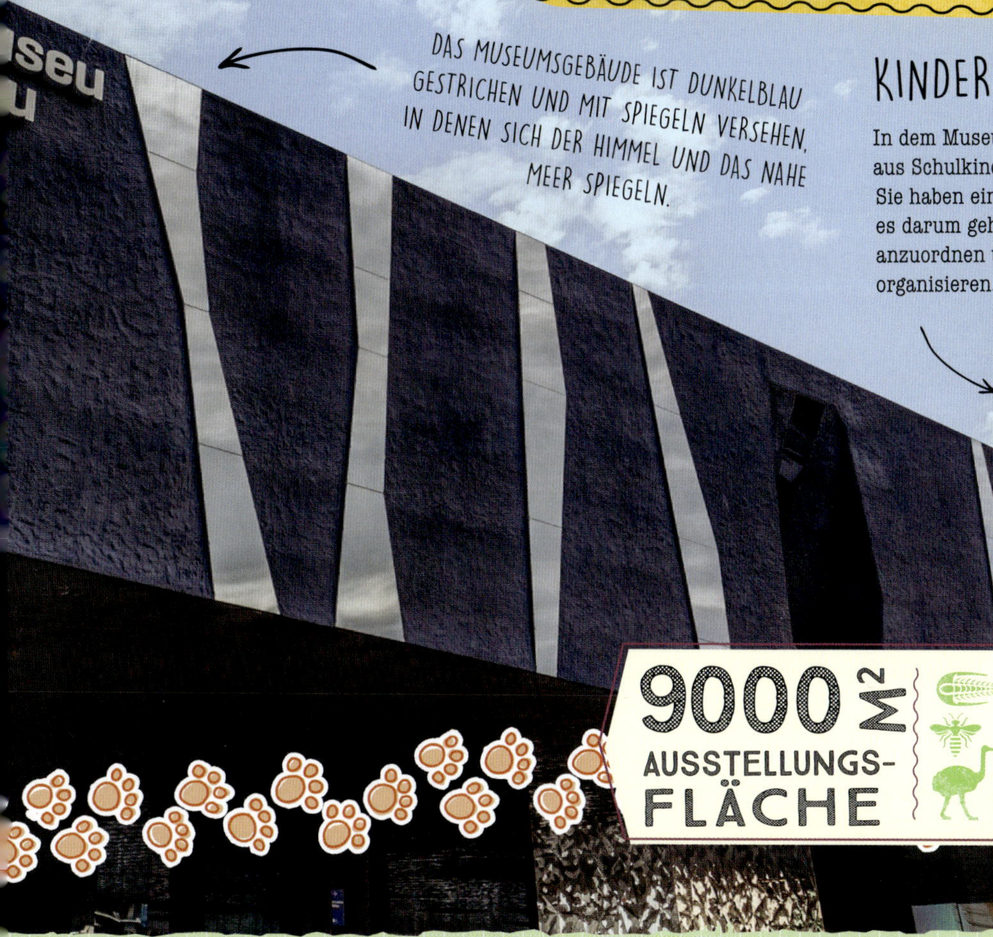

KINDER BESTIMMEN MIT

In dem Museum gibt es einen Rat, der aus Schulkindern Barcelonas besteht. Sie haben ein Mitspracherecht wenn es darum geht, die Exponate anzuordnen und Events zu organisieren.

9000 M² AUSSTELLUNGS-FLÄCHE

4 MILLIONEN AUSSTELLUNGSSTÜCKE BESITZT DAS MUSEUM UNGEFÄHR

DAS EINSAME MAMMUT

CIUTADELLA PARK

Im Ciutadella Park steht die lebensgroße Figur eines Mammuts, zu dem sich einst noch ein paar Freunde gesellen sollten. Nach christlichem Glauben mussten einige Tiere aussterben, weil auf der Arche Noah kein Platz mehr für sie war. Weitere Standbilder ausgestorbener Tiere waren geplant, wurden aber nicht verwirklicht. Deshalb steht das alte Mammut jetzt allein im Park. Da aber Kinder gern auf seinem Rüssel rumklettern, langweilt es sich nur selten.

CIUTADELLA PARK

KLOSTER LA SEU

BARCELONAS HEILIGE VÖGEL

KLOSTER LA SEU

Barcelonas Kathedrale La Seu ist die einzige Kathedrale der Welt mit einer Gänseschar! Dreizehn Gänse leben im Kloster – eine für jedes Lebensjahr der Heiligen Eulalia, die in der Kirche beigesetzt ist (s. Seite 8). Bevor die arme Eulalia geköpft wurde, haben die Römer sie dreizehn Mal grausam gepeinigt, einmal für jedes Jahr ihres Lebens. Es heißt, dass eine Taube aus ihrem Hals in die Lüfte aufstieg, als ihr der Kopf abgetrennt wurde.

FRIEDHOF – AUCH FÜR TIERE

PLAÇA DE LA VILA DE MADRID

Inmitten des Verkehrs am Ende der Promenade La Rambla befindet sich ein altrömischer Friedhof. Vor etwa 2000 Jahren wurden hier fast 100 Römer zusammen mit ihren Tieren und ihrer ganzen Habe beerdigt. Die Nutztiere, Hunde und Pferde sollten den Toten wahrscheinlich im Jenseits zur Seite stehen. Ein Grab war aber anders als die anderen: In ihm befanden sich zehn Hundeskelette, ein Pferdeschädel und sechs Ferkel. Niemand weiß jedoch, warum.

PLAÇA DE LA VILA DE MADRID

ÄGYPTISCHES MUSEUM

DIE ÄLTESTE KATZE BARCELONAS

ÄGYPTISCHES MUSEUM

Die alten Ägypter glaubten, dass die Menschen nach ihrem Tod irgendwo ewig weiterleben und dafür ihre Körper benötigen würden. Also mumifizierten sie ihre Toten. Aber nicht nur Menschen bekamen eine Ganzkörperbandage, auch Tiere. So kommt es, dass eine kleine mumifizierte Katze in diesem Barceloner Museum „lebt“. Vor etwa 2700 Jahren hat sie zum letzten Mal geschnurrt.

Suche: KRABBELGETIER

SPINNEN

In den Wänden der Montjuïc-Festung in Barcelona leben Webspinnen aus der Familie der Springspinnen. Diese besorgniserregenden Spinnentiere erreichen eine Körperlänge von etwa 5 mm und haben vier nebeneinander angeordnete, leuchtend blau-grüne Augen. Die Männchen haben knallrote Beine.

COSMOCAIXA BARCELONA

ESCOLA PIA SANT ANTONI

GESEGNET SEIEN DIE TIERE

ESCOLA PIA SANT ANTONI

Das Tierfest *Tres Tombs* findet alljährlich im Januar zu Ehren von Antonius dem Großen, dem Schutzheiligen der Haustiere, statt. Die Einheimischen kleiden sich dann wie Bauern und Landarbeiter und ziehen mit Pferden, Karren und Eseln durch die Straßen. Kurz bevor sie die Escola Pia Sant Antoni (eine Schule in Barcelona) erreichen, werden die Tiere von einem Geistlichen gesegnet. Die Bewohner lassen auch ihre kleinen Lieblingstiere segnen. Der Heilige Antonius liebte Tiere über alles. Er fand einmal ein verletztes Ferkelchen und heilte es. Daraufhin folgte ihm das Schweinchen auf Schritt und Tritt.

EIN STÜCK DSCHUNGEL

COSMOCAIXA BARCELONA

In dem Wissenschaftsmuseum CosmoCaixa kannst du durch einen südamerikanischen Amazonas-Regenwald spazieren. Der *Bosc Inundat*, was so viel bedeutet wie Überschwemmter Wald, ist eine Nachbildung auf einer Fläche von über 1000 m². Selbstverständlich leben hier auch echte Tiere aus dem Amazonas, darunter Alligatoren, Ameisen, Abgottschlangen, Fische, tropische Vögel und sogar ein Wasserschwein. Und damit sie alle sich heimisch fühlen, „regnet" es alle 15 Minuten – dann wird Wasser über den Wald gesprüht.

100+

TIER- UND PFLANZEN-ARTEN AUS AMAZONIEN

leben im Bosc Inundat im CosmoCaixa.

DER BOTANISCHE GARTEN AUF DEM MONTJUÏC IST EIN TOLLER ORT, UM FRÖSCHE ZU BEOBACHTEN UND ZU HÖREN. AN SOMMERABENDEN QUAKEN SIE GERN MITEINANDER.

NATURSCHLOSS

FESTUNG MONTJUÏC

Hinter den Sandsteinmauern der Festung Montjuïc leben einige ungewöhnliche Bewohner. In vielen Ecken und Winkeln tummeln sich kleine Mauergeckos mit klebrigen Haaren an den Füßen, die ihnen dabei helfen, sich mit dem Kopf nach unten fortzubewegen. Manchmal kannst du dort auch die längste Schlange Europas, die Eidechsennatter, entdecken. Sie kann bis zu 2 m lang werden. Ihr Biss ist schmerzhaft, aber nicht tödlich.

FESTUNG MONTJUÏC

CRAM-STIFTUNG

SCHILDKRÖTEN-RETTUNG

CRAM-STIFTUNG

In den Gewässern vor Barcelona tummeln sich Meeresschildkröten. Ihnen droht Gefahr, z. B. durch Angler oder Plastikmüll, den sie verschlucken. Die CRAM-Stiftung ist ein Zentrum zum Schutz der Meere in der Nähe des Flughafens von Barcelona. Dort werden Schildkröten (manchmal sogar Delfine!) von Profis gerettet, gepflegt und wieder im Meer ausgesetzt.

DELICIOSO!

Das Essen in Barcelona ist ein leckerer Mix aus traditionellen und modernen Gerichten. Bist du bereit für eine Kostprobe?

START

CARRER DE LA FUSINA

AM 8. DEZEMBER BEKOMMEN DIE KINDER IN BARCELONA EINEN HOHLEN BAUMSTAMM MIT GESICHT, ROTER ZIPFELMÜTZE UND IN STOFF EINGEWICKELTEM HINTERTEIL GESCHENKT. ES IST EIN *CAGA TIÓ*, EIN „KACKASTAMM"! DIE KINDER FÜTTERN IHN MIT *TURRÓN* UND NÜSSEN IN DER HOFFNUNG, DASS ER DESWEGEN AM 24. DEZEMBER DURCH STOCKSCHLÄGE AUF SEIN HINTERTEIL BESONDERS VIELE GESCHENKE AUSKÄCKERT.

SCHOKO-HIMMEL

LA XOCOLATERIA VON ORIOL BALAGUER, CARRER DE LA FUSINA

In dem Geschäft des Meister-Chocolatiers namens Oriol Balaguer gibt es Unmengen Süßigkeiten. Balaguer hat für seine süßen Kreationen schon zahlreiche Preise eingeheimst, darunter 2001 den Preis für das beste Dessert der Welt. Viele Schleckermäuler kommen hierher, um eine köstliche heiße Schokolade zu genießen. Genau das Richtige an einem kalten Tag im Winter.

TURRÓN

LA CAMPANA, CARRER DE LA PRINCESA

Turrón ist eine Art Nougat aus Zucker und Mandeln und wird in der Weihnachtszeit in ganz Spanien gegessen. Einer der berühmtesten und besten Turrón-Läden in Barcelona ist La Campana. Seit über 120 Jahren wird hier diese Leckerei verkauft.

CARRER DE LA PRINCESA

LA RAMBLA

EIN KIND BARCELONAS

PAPABUBBLE, CARRER AMPLE

Die auf der ganzen Welt bekannte Ladenkette Papabubble wurde 2004 in Barcelona gegründet. Hier kannst du zuschauen, wie die Süßigkeiten hergestellt werden. Bei Papabubble wird ständig herumexperimentiert, um neue süße Leckereien zu kreieren.

CARRER AMPLE

SCHLECKEN!

ROCAMBOLESC, LA RAMBLA

Eine Statue des Entdeckers Christoph Kolumbus kannst du in der La Rambla (s. Seite 78) bestaunen. Er zeigt aufs Meer hinaus. In diesem witzigen Eis- und Lutscherladen kannst du dir einen Lolli kaufen, der die Form des berühmten Fingers hat. Oder wie wär's mit einem Lutscher, der wie ein Tier oder eine gefrorene Nase geformt ist?

CHUPA CHUPS KOMMEN AUS BARCELONA! ALS DER SÜSSIGKEITENHERSTELLER ENRIC BERNAT SAH, DASS SICH EIN KIND BEIM ESSEN VON SÜSSIGKEITEN DIE FINGER KLEBRIG MACHTE, HATTE ER DIE IDEE, SÜSSES AN EINEM STIEL ZU BEFESTIGEN UND BAT DEN BERÜHMTEN KÜNSTLER SALVADOR DALÍ, DAS PAPIER DRUMHERUM ZU ENTWERFEN. DER NAME DES WELTBERÜHMTEN LOLLIS GEHT AUF DAS SPANISCHE WORT *CHUPAR*, LUTSCHEN, ZURÜCK.

LA RAMBLA

KUCHENZENTRUM

ESCRIBÀ PATISSERIE, LA RAMBLA

In Barcelona gibt es viele tolle Bäckereien. In dieser, einer der ältesten und bekanntesten, werden seit über 100 Jahren leckere Kuchen gebacken. An der Fassade des Gebäudes glitzern wunderschöne Mosaiken. Drinnen locken köstliches Gebäck und Croissants – mit Bananen und dunkler Schokolade oder mit Minze und weißer Schokolade gefüllt. Mmmh, echt lecker!

MARKTBESUCH

LA BOQUERIA, LA RAMBLA

La Boqueria ist der älteste und bekannteste Lebensmittelmarkt Barcelonas – eine Halle vollgestopft mit Süßigkeiten, Obstbergen, Käse, Wurst und Schinken, der an Haken von der Decke hängt. In der Mitte der Markthalle gibt es einen großen Bereich mit Fischen und Meeresfrüchten. Dort bekommst du alles für dein Abendessen, von Schwertfischen bis zu Haien.

LA RAMBLA

SPANISCHER JAMÓN (SCHINKEN) IST WEGEN SEINES KÖSTLICHEN GESCHMACKS WELTBERÜHMT. AUF DEM MARKT WIRD ER IN PAPIERTÜTEN ALS SNACK ANGEBOTEN.

TAPAS-TASTISCH

TICKETS BAR, AVENIDA PARALLEL

Tapas sind herzhafte kleine Snacks, die in ganz Spanien verkauft werden, aber diese Tapas-Bar der katalanischen Superköche Albert and Ferran Adrià ist schon etwas Besonderes. Ihre kreativen Speisen haben die beiden weltberühmt gemacht. Es verwundert also nicht, dass ihre Tapas und ihr Restaurant ziemlich außergewöhnlich sind. Man hat den Eindruck, in einem Zirkus zu sein, in dem man unter einer mit riesigen Früchten dekorierten Decke ein Dessert verputzt. Zu den Snacks, die sich die Gäste hier bestellen können, gehören Käseschaum und flüssige Ravioli. Für Kinder gibt's Zuckerwattebäume – kleine Zuckerwattewolken mit Obst werden an Zweigen hängend serviert.

CHURROS-HIMMEL

CARRER DE PETRITXOL

Spanische Schäfer sollen *churros*, kleine Gebäckstücke aus süßem Teig, erfunden und in den Bergen über offenem Feuer zubereitet haben. Aus dem Outdoor-Snack wurde eine Leckerei namens *chocolate con churros* – frittierte und mit Zucker bestreute längliche Krapfen, die in geschmolzene heiße Schokolade getaucht werden. In den kleinen, engen Gassen des gotischen Stadtviertels Barcelonas findest du die besten *churrerías* (*Churro*-Läden). Dort werden die *churros* vor deinen Augen frisch zubereitet. Danke, ihr spanischen Schäfer!

IN SPANIEN ISST MAN IN DER REGEL ERST ZWISCHEN 21 UND 22 UHR ZU ABEND. VIELE KIDS MACHEN EINEN MITTAGSSCHLAF, DAMIT SIE ABENDS NICHT ALLZU MÜDE SIND.

GAUDÍS STADT

Antoni Gaudí ist einer der größten Künstler der Stadt. In Barcelona hat er etliche berühmte Gebäude, einen Park und eine unglaubliche, aber noch immer nicht fertige Kathedrale entworfen. Seine Werke zeigen Drachen und Meerungeheuer, Zauberwälder und Seegras. Mach dich auf die Suche und entdecke einige seiner Geheimnisse!

START

GÜELL-PAVILLONS

CARRER DE BELLESGUARD

EIN DRACHE AM TOR

DRACHENTOR, GÜELL-PAVILLONS

Gaudí liebte es, Drachen in seinen Werken zu verwenden. Das grandiose Tor zeigt einen mythischen Drachen, der über einen märchenhaften Garten, den Garten der Hesperiden, wacht, in dem goldene Äpfel wachsen. Der Drache sieht mit seinem weit aufgerissenen Maul und seiner herausgestreckten gegabelten Zunge hungrig aus!

MOSAIKSCHLOSS

TORRE BELLESGUARD, CARRER DE BELLESGUARD

An der Stelle des mittelalterlich aussehenden Gebäudes stand einst ein echter Palast, der einem König namens Martin I. gehörte. Gaudí ließ sich beim Bau des neuen Gebäudes von dem alten inspirieren, ohne dabei seinen Stil zu vernachlässigen. Er schmückte seine Gebäude gern mit leuchtenden Mosaiksteinchen, sogenannten *trencadís*. Auch an diesem gibt es viele davon, einige sogar oben an der Turmspitze.

GAUDÍ KOPIERTE AN DEN FASSADEN SEINER GEBÄUDE DIE NATUR, WODURCH EINIGE TEILE WIE NATÜRLICHE OBJEKTE, Z. B. WIE MUSCHELN, SEEGRAS ODER KORALLEN AUSSEHEN. SEIN STIL WIRD *MODERNISME* GENANNT.

BESUCHE GAUDÍ!

GAUDÍ EXPERIENCE, CARRER DE LARRARD

Hier kannst du dir ein 4D-Headset aufsetzen und in die virtuelle Reality-Welt Gaudís eintauchen: Durch Straßen bummeln, in denen auch er herumlief, ihn bei der Arbeit beobachten oder wie ein Vogel über die Stadt und seine Werke fliegen. Anschließend kannst du sogar ein Selfie mit seiner auf einer Bank sitzenden Statue machen.

CARRER DE LARRARD

PARK GÜELL

EINE SCHLANGE ALS SITZBANK

PARK GÜELL

Einen Park wie den von Gaudí gibt es kein zweites Mal. Man kann durch einen Wald aus Steinbäumen spazieren, und es gibt sogar eine geflieste Bank, die die Form einer Seeschlange hat – von ihr aus hat man einen grandiosen Blick über die Stadt. Am Eingang stehen ein märchenhaftes Pförtnerhaus und eine riesige Echse namens *el drac* (der Drache).

400 BESUCHER KOMMEN ALLE 30 MIN.

DIE GROSSE SCHLANGENFÖRMIGE BANK HAT EINBUCHTUNGEN, DAMIT MAN BEQUEM SITZEN KANN. BEI DEM BAU SOLL EINER DER PARKARBEITER SEINE HOSEN RUNTERGELASSEN UND SICH AUF DEN NOCH WEICHEN MÖRTEL GESETZT HABEN, UM SO BEQUEME SITZE ZU SCHAFFEN.

HEILIGE BAUSTELLE

SAGRADA FAMÍLIA, PLAÇA DE GAUDÍ

Gaudís Kirche, die Sagrada Família, ist das berühmteste unvollendete Gebäude der Welt. 1882 wurde mit dem Bau begonnen. Jetzt bemühen sich die Architekten, die Kirche bis zu Gaudís 100. Todestag im Jahr 2026 fertigzustellen.

SAGRADA FAMÍLIA

KURVENREICHE KIRCHE

Gaudí wollte eine Basilika bauen, um die Natur, die seiner Meinung nach von Gott erschaffen wurde, zu preisen. Es gibt keine geraden Linien, weil es diese, so Gaudí, in der Natur auch nicht gebe.

FALKEN–PARADIES

Gaudí ließ sich für die Mauern der Basilika von Berghängen inspirieren und wäre wahrscheinlich hocherfreut darüber, dass Wanderfalken, die normalerweise auf hohen Klippen nisten, ihre Nester jedes Jahr auf dem Glockenturm der unvollendeten Kirche bauen. Wenn du magst, kannst du sie und ihre Jungen über eine Webcam beobachten.

ÜBERALL NATUR PUR

Das Kirchenschiff sieht aus wie ein riesiger Wald, die Decke ist mit Blättern übersät. Überall am Gebäude sind Tiere – z. B. Schlangen, Eidechsen, Schnecken, Vögel und Nutztiere – zu sehen.

WENN SIE FERTIG IST, HAT DIE SAGRADA FAMÍLIA

18 TÜRME

13000 PLÄTZE FÜR GLÄUBIGE

GAUDÍS OBSESSION

IM ALTER VON 31 JAHREN BEGANN GAUDÍ MIT DER PLANUNG DER BASILIKA. SEINE LETZTEN JAHRE VERBRACHTE ER IN EINEM KLEINEN HAUS AUF DER BAUSTELLE. ER WAR VON DER ARBEIT SO BESESSEN, DASS ER KAUM NOCH AUF SICH SELBST ACHTETE. ER SAH AUS WIE EIN OBDDACHLOSER, TRUG SCHÄBIGE ANZÜGE UND SCHUHE AUS GEWEBTEN PFLANZENWURZELN.

MAGISCHES QUADRAT

An einer der Außenmauern der Kirche befindet sich ein Quadrat mit Zahlen. Wenn du die Zahlen waagerecht oder senkrecht addierst, wirst du feststellen, dass sie immer 33 ergeben – das Alter, in dem Jesus gestorben sein soll.

1	14	14	4
11	7	6	9
8	10	10	5
13	2	3	15

SEINER ZEIT VORAUS

CASA MILÀ

Als die Milà-Familie Gaudí bat, ein Haus für sie zu bauen, schuf er ein einzigartiges Gebäude mit unzähligen Rundungen und ohne gerade Linien. Das Haus wurde bald spöttisch „Steinbruch“ genannt, denn die Fassade sieht mit ihren vielen Unregelmäßigkeiten wie ein solcher aus. Auf dem Dach befinden sich mehrere Schornsteine, sie ähneln Soldaten mit alten Helmen auf dem Kopf.

DAS KNOCHENHAUS

CASA BATLLÓ

Dieses unglaubliche Haus von Gaudí soll einen Drachen darstellen! Das Dach sieht aus wie der schuppige Rücken eines Drachen, die Balkone erinnern an Totenköpfe – sind das etwa die der Drachenopfer? Im Haus gibt es einen Raum, der „Bauch des Drachen“ genannt wird. Mit seinen unzähligen Bögen sieht er aus wie das Innere eines gigantischen Brustkorbs.

Suche: WAS GESCHAH MIT GAUDÍ?

EIN TRAGISCHER STRASSENBAHNUNFALL

Gaudí starb im Alter von 73 Jahren. Er wurde von einer Straßenbahn überfahren. Er sah dermaßen heruntergekommen aus, dass die Menschen ihn gar nicht erkannten, als er zu Boden gerissen wurde. Sie dachten, es sei ein Obdachloser.

PALAU GÜELL

GAUDÍ EXHIBITION CENTER

MAGISCHE DÄCHER

PALAU GÜELL

Gaudí ist für seine verrückten Schornsteine bekannt. Einige davon kannst du auf diesem Haus bewundern. Sie sehen aus wie Korallenteile oder Süßigkeiten, die gedreht und mit bunten Fliesen verziert sind.

MODELLBAUER

GAUDÍ EXHIBITION CENTER, MUSEU DIOCESÀ

Gaudí machte nicht gern Zeichnungen seiner Entwürfe. Stattdessen schuf er sehr detaillierte dreidimensionale Modelle. Seine Ideen waren so kompliziert, dass moderne Architekten entsprechende Effekte nur mit dem Computer hinbekommen. Hier im Center siehst du ein paar von Gaudís Modellen. Vielleicht inspirieren sie dich ja und du bekommst Lust, selbst kleine Modelle zu bauen!

STRASSENFESTE

Gehst du gern auf Straßenfeste und magst Unterhaltung? Dann bist du in Barcelona genau richtig, denn die Bewohner lieben es, unter freiem Himmel zu feiern. Also nichts wie hin zu den Highlights!

STRASSENPARTIES

FESTA MAJOR, PLAÇA DE LA VILA DE GRÀCIA

In Barcelona hat jeder *barrio* (Stadtteil) sein eigenes Fest. Die Festa Major im August ist ein großes mehrtägiges Straßenfest im Bezirk Gràcia mit diversen Events und einer Preisverleihung für die am tollsten geschmückte Straße. *Gegants* (riesige Figuren) stolzieren tanzend durch die Straßen und *castellers* – Personen, die aufeinander klettern und so Menschenpyramiden bauen – zeigen ihr Können (mehr darüber auf Seite 45). Am letzten Abend toben Feuer spuckende Teufel und Drachen durch die Straßen.

START

PLAÇA DE LA VILA DE GRÀCIA

PLAÇA D'ESPANYA

FRÜCHTCHEN

PLAÇA D'ESPANYA

An diesem Platz feiert man in Barcelona *Nit de cap d'any* (Silvester). Mit den ersten Glockenschlägen um Mitternacht beginnt hier jeder Weintrauben zu futtern – eine für jeden Glockenschlag. Das soll Glück für das neue Jahr bringen. Diese Tradition heißt *campanadas* und ist der Grund dafür, dass viele Menschen in Barcelona das neue Jahr mit dem Mund voller Weintrauben beginnen!

SILVESTER HÄLT MAN AUSSCHAU NACH DEM *HOME DELS NASSOS*, DEM MANN MIT DEN 365 NASEN! ER SOLL EINE NASE FÜR JEDEN TAG DES JAHRES HABEN. DOCH VERLIERT ER TÄGLICH EINE, SODASS ER AM 31. DEZEMBER NUR NOCH EINE HAT. ES IST ALSO UNMÖGLICH, IHN ZU FINDEN, ABER VIELE KLEINE KINDER LASSEN SICH VON IHREN ELTERN AN DER NASE HERUMFÜHREN UND SUCHEN DEN *HOME DELS NASSOS*!

FONT MÀGICA

WASSERSHOW

FONT MÀGICA, PLAÇA DE CARLES BUÏGAS

Der Magische Springbrunnen präsentiert das ganze Jahr über eine tolle Show. Die Fontänen heben und senken sich elegant im Takt der Musik, es können sage und schreibe 7 Milliarden unterschiedliche Licht- und Wasserkombinationen erzeugt werden. Etwa 2,5 Millionen Menschen bewundern alljährlich die nassen Performances.

2600 LITER
WASSER FLIESSEN PRO SEKUNDE
durch die drei Becken des Springbrunnens

LA RAMBLA

VERSTEINERTE GESICHTER

MENSCHLICHE STATUEN, LA RAMBLA

Auf der La Rambla gesellen sich des Öfteren menschliche Statuen unter die Menschenmassen. Hierbei handelt es sich um völlig unbeweglich herumstehende Schauspieler in sagenhaften Kostümen. Sie bewegen sich nur gelegentlich ein ganz klein wenig, wenn Zuschauer ein paar Geldstücke in ihre Hüte werfen. Sie stellen alle möglichen Personen dar – einige sind total witzig, andere kennt man aus Geschichte und Mythologie.

ES STANDEN FRÜHER SO VIELE LEBENDE STATUEN AUF DER LA RAMBLA, DASS SIE BEGANNEN, UNTEREINANDER UM DEN BESTEN PLATZ ZU KÄMPFEN. SCHLIESSLICH SETZTE DIE VERWALTUNG DEM GANZEN EIN ENDE, INDEM SIE GENEHMIGUNGEN EINFÜHRTE. JETZT WECHSELN DIE LEBENDEN STATUEN SICH AB, UND ES STEHEN WENIGER AUF DER LA RAMBLA.

FEURIGE NÄCHTE

CORREFOC, CARRER FERRAN

Geh bloß in Deckung, wenn du auf mit Knall- und Feuerwerkskörpern bewaffnete Teufel und Feuer speiende Drachen triffst, die durch die Straßen von Barcelona ziehen! Sie sind Teilnehmer des *correfoc* oder „Feuerlaufs“, der auf diversen Straßenfesten veranstaltet wird. Der größte Feuerlauf findet auf dem La Mercé Festival statt. Die *diables* (Teufel) schießen Raketen ab und sprühen überall mit Funken herum. Sie jagen sogar Zuschauer in der Menge und schmeißen mit Knallkörpern um sich. Aber Achtung, probier das bitte nicht zu Hause!

CARRER FERRAN

PLAÇA DE SANT JAUME

HIER KOMMEN DIE RIESEN

LA MERCÉ FESTIVAL, PLAÇA DE SANT JAUME

Dieses stadtweite Fest findet an mehreren Tagen im September statt. Es gibt zahlreiche Veranstaltungen, darunter auch die große Parade der Riesen und Bestien, auf der die *gegants* zusammen mit den *capgrós* (Großköpfen) und riesigen Tierfiguren wie dem Katalanischen Esel und dem Adler, dem Symbol der Stadt, tanzend durch die Straßen ziehen.

Suche: STADTPATRONIN

BARMHERZIGE SCHWESTER

Das La Mercé Festival (im September) ist La Mercè, einer Schutzpatronin Barcelonas, gewidmet. Ihr wurden viele Wunder zugesprochen – wer sie um Hilfe bat, wurde erhört. Sie soll die Stadt vor Übergriffen und sogar vor einer Heuschreckenplage bewahrt haben.

UND LOS GEHT DIE PARTY!

KARNEVAL, PASSEIG DEL BORN

Fasching ist im Februar. In der ganzen Stadt gibt es Umzüge, am wichtigsten ist die Ankunft des Karnevalskönigs und seiner Botschafter in Pferdekutschen. Der König, Boss aller Narren und wilden Partys, verkündet den Beginn des närrischen Treibens. Er wird von Rodanxó und Rodanxona begleitet, zwei *gegants* in historischen Kostümen, die Schwung in die Sache bringen. Nach Fasching beginnt auch in Barcelona die Fastenzeit.

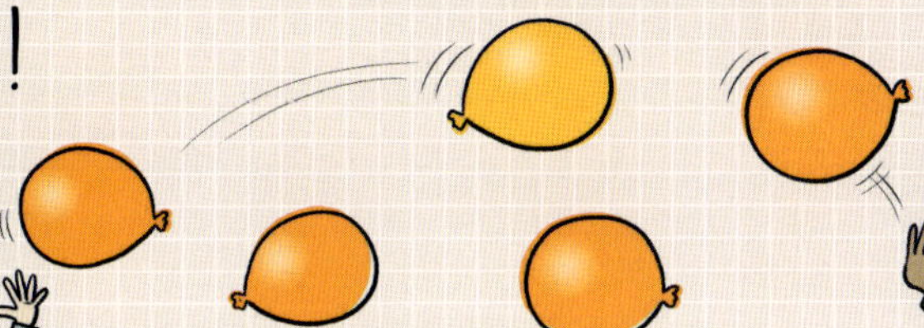

ZUM KARNEVAL GEHÖRT *TARONJADA*, EIN STRASSENKAMPF, BEI DEM MAN SICH FRÜHER GEGENSEITIG MIT REIFEN APFELSINEN BESCHMISS! HEUTE HABEN BALLONS UND KONFETTI DIE APFELSINEN ABGELÖST, SODASS DIE SACHE NICHT MEHR SO FEUCHT-KLEBRIG IST WIE FRÜHER.

ES SOLL GLÜCK BRINGEN, AM *NIT DE SANT JOAN* (JOHANNESTAG) EIN FEUER ANZUZÜNDEN. DAHER WERDEN AN DIESEM TAG VIELE FREUDENFEUER ENTFACHT. DIE MENSCHEN VERBRENNEN ALTE MÖBEL, MANCHE WERFEN AUCH WUNSCHZETTEL IN DIE FLAMMEN.

FREUDENFEUER UND STRANDPARTY

NIT DE SANT JOAN, NOVA-ICÀRIA-STRAND

Am Abend des 23. Juni ist auf Barcelonas Straßen viel los, es werden Johannistag und Mittsommernacht gefeiert. Deshalb ziehen die Menschen in Barcelona abends an den Strand, um zu picknicken und das Feuerwerk zu bewundern. Um Mitternacht planscht dann jeder im Meer, das soll Glück bringen.

WASSERSPASS

Barcelona liegt am glitzernden Mittelmeer. Hast du Lust auf einen Spaziergang an der Küste, um die Eindrücke und Geräusche des Lebens in einer Stadt am Meer zu genießen?

START

STRAND VON BARCELONETA

56 M LANG
35 M HOCH

SANDIGE UND SONNIGE TAGE

STRAND VON BARCELONETA

Barceloneta ist Barcelonas Strandviertel. Dort wirst du immer viel Spaß haben, du kannst Skateboarden, Beachvolleyball spielen, Stehpaddeln und vieles mehr. Überall gibt's *chiringuitos* (Strandbars), die Erfrischungsgetränke und Eis verkaufen.

EIN RIESENFISCH

FISCH, STRAND VON BARCELONETA

Barcelona hat seinen eigenen riesengroßen Goldfisch. Die Skulptur von Frank Gehry heißt *Peix* (Fisch) und schaut sehnsüchtig aufs Meer. Wenn die Sonne auf die Streifen aus goldfarbenem rostfreiem Stahl scheint, sehen diese aus wie Schuppen.

BARCELONETA WAR NICHT IMMER EIN BELIEBTES STRANDVIERTEL. FRÜHER WAR ES VIELMEHR EINE SLUMSIEDLUNG AUF STINKENDEM SCHLICK. HIER HINGEN PIRATEN RUM, DIE SCHIFFE BESPITZELTEN UND ÜBERFÄLLE PLANTEN.

STRAND VON BARCELONETA

DER BEZIRK BARCELONETA HAT SEINE EIGENE FLAGGE, DIE DU ÜBERALL IM WIND FLATTERN SIEHST. DU ERKENNST SIE AN DEM SCHIFF UND DEM LEUCHTTURM.

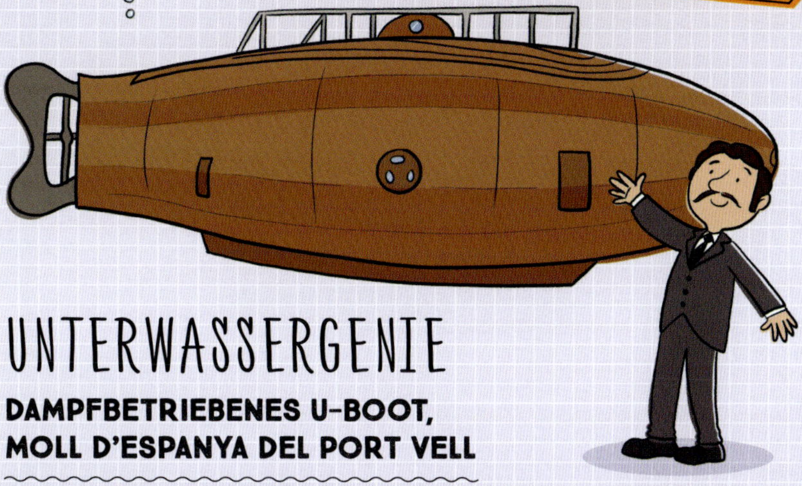

UNTERWASSERGENIE

DAMPFBETRIEBENES U-BOOT, MOLL D'ESPANYA DEL PORT VELL

1862 experimentierte Narcís Monturiol i Estarriol, ein Erfinder aus Barcelona, im Hafen mit dem ersten motorbetriebenen U-Boot der Welt. Es hieß *Ictíneo II*, und da Monturiol sich Metall als Baumaterial nicht leisten konnte, benutzte er Olivenholz. Er unternahm viele Unterwasserfahrten im Hafen, hatte aber schließlich kein Geld mehr und musste sein U-Boot als Schrott verkaufen. Es gibt aber einen Nachbau, den du dir anschauen kannst.

SÜSSES UND GESANG

FESTA MAJOR DE BARCELONETA, PLAÇA DE LA BARCELONETA

Ende September feiert Barceloneta sein eigenes Straßenfest, auf dem wilde Teufel, *gegants* und eine große Bonbon-Kanone durch die Straßen ziehen. Ein General in historischer Kleidung schießt mit der Kanone Süßigkeiten in die Menschenmenge. Barcelonetas *gegants* sind Pep Barceló, ein riesiger Fischer, und Maria la Néta, die einen Korb mit Fischen auf dem Kopf trägt.

AQUARIUM

PSSSST... DIE HAIE SCHLAFEN!

AQUARIUM, MOLL D'ESPANYA DEL PORT VELL

In Barcelonas Aquarium kannst du dir Tausende Fische ganz aus der Nähe ansehen. In dem riesigen Oceanarium-Becken leben gruselig aussehende Haie und Stechrochen, aber auch viele kleinere Fische. Die menschlichen Besucher laufen durch einen 80 m langen Glastunnel und werden dabei von den Meeresmonstern beobachtet – aber keine Angst, die Haie werden jeden Tag von den Angestellten mit der Hand gefüttert.

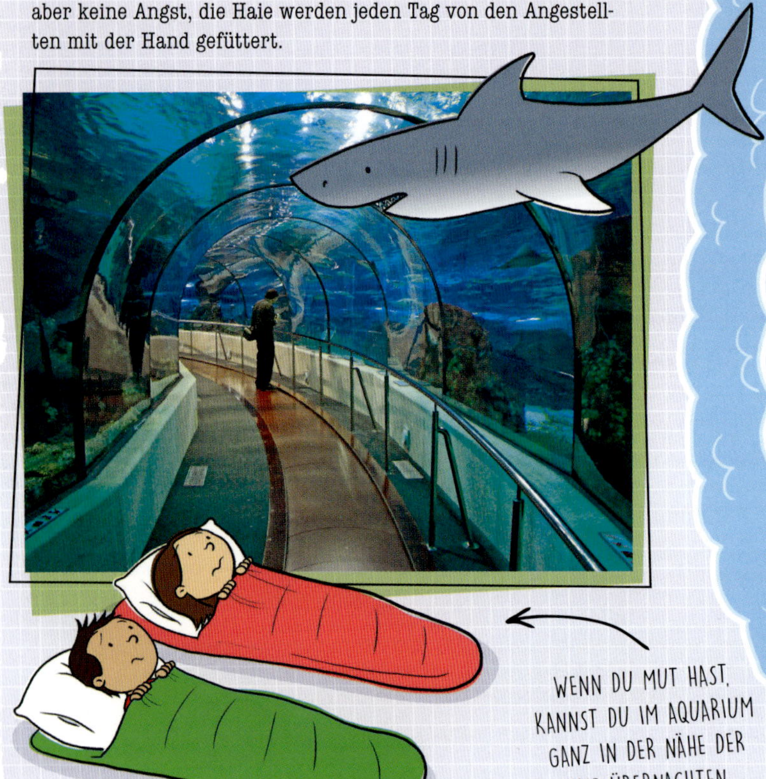

WENN DU MUT HAST, KANNST DU IM AQUARIUM GANZ IN DER NÄHE DER HAIE ÜBERNACHTEN.

WEIHNACHTSKÖNIGE

CAVALCADA DE REIS, PORT VELL

In Barcelona bekommen die Kinder ihre Weihnachtsgeschenke in der Nacht vom 5. auf den 6. Januar. Der 5. Januar ist der Tag, an dem die *Los Reyes Magos*, die Drei Könige, mit dem Schiff im Hafen ankommen und durch die Stadt ziehen. Barcelonas Bürgermeister überreicht ihnen den Schlüssel der Stadt, damit sie die Türen aller Kinderzimmer öffnen und den schlafenden Kindern die Geschenke hinlegen können. Die Kinder halten für die Könige und ihre Kamele Essen und Getränke sowie einen Schuh bereit, den die Könige mit Leckereien füllen sollen.

PORT VELL

Suche: WASSER-FAKTEN

24 °C
warm kann das Mittelmeer-Wasser vor Barcelona im Hochsommer werden. Im März ist es mit 13 °C sehr viel kälter!

OKTOBER
ist der Monat, den regenscheue Menschen meiden sollten – in diesem Monat fallen rund 95 mm Regen.

MOLL DE LA FUSTA

SCHIFF AHOI!

DAS SCHIFF SANTA EULÀLIA, MOLL DE LA FUSTA

Die *Santa Eulàlia*, ein wunderschöner Schoner mit drei Masten, liegt in Barcelona am Quai und soll an das bedeutende schwimmende Erbe der Stadt erinnern. Sie wurde für den Transport von Getreide und Holz im Mittelmeerraum und einmal auch zum Schmuggeln benutzt – aber nicht zum Schmuggeln von Rum und Schätzen, sondern von Mehl, um Zollgebühren zu sparen. Heute achtet das Schifffahrtsmuseum darauf, dass so etwas nicht mehr passiert (s. Seite 34).

MOLL DE LES DRASSANES

EINE STADT AM MEER

AUSFLUGSDAMPFER, MOLL DE LES DRASSANES

Wenn du Lust hast, kannst du eine Rundfahrt durch den Hafen machen, der früher voller Schiffe war. Damals hättest du alte römische Galeeren sehen können, die mit katalanischen Waren – Steinblöcke, Wein und Fischpaste – beladen zurück nach Rom schipperten. Später wurde ein richtiger Hafen gebaut und Barcelona sah viele Schiffe kommen und gehen. Nicht wenige wurden Opfer von Mittelmeerstürmen, einige liegen noch heute als Schiffswracks vor der Küste auf Grund.

ALS MAN MIT DEN ARBEITEN FÜR EINEN NEUEN APARTMENTBLOCK IN BARCELONETA BEGANN, STIESS MAN AUF EIN ETWA 800 JAHRE ALTES SCHIFFSWRACK. DIE STELLE, AN DER ES GEFUNDEN WURDE, LAG FRÜHER WOHL UNTER WASSER.

RUDER ZUM SIEG ODER STIRB

SCHIFFFAHRTSMUSEUM

Barcelonas Schifffahrtsmuseum ist Teil der Königlichen Werften von Barcelona. Sie wurden im 14. Jahrhundert errichtet und sind die vollständigste mittelalterliche Schiffswerft weltweit. In dem Museum befinden sich unzählige Modelle und Erinnerungsstücke sowie der Nachbau eines berühmten Schiffs, einer von Ruderern bewegten Galeere. Sie wurde von in Ketten gelegten Sklaven in den Kampf gerudert.

WIEDER IN TOPFORM

Dies ist der Nachbau der *Real*, der königlichen Galeere von Don Juan de Austria. 1571 nahm sie siegreich an der Seeschlacht von Lepanto gegen die Türken teil. Die Originalgaleere wurde hier in der Werft gebaut, und der Nachbau soll an den Kampf vor 400 Jahren erinnern.

60M LANG

6,2M BREIT

290 RUDERER PRO BOOT

DIE RUDERER SASSEN GANZ AUSSEN.

AM BUG BEFANDEN SICH EIN SPORN, FANGHAKEN UND SCHLEUDERN FÜR DIE SCHLACHT GEGEN ANDERE SCHIFFE.

ALLE AN BORD

Für den Antrieb ihrer Galeeren benutzten beide Seiten hauptsächlich Sklaven. Die Türken hatten zum Beispiel 37 000 Ruderer, von denen viele Gefangene der gegnerischen Seite waren. Es gab aber nicht nur Ruderer sondern auch Matrosen und Soldaten an Bord einer Galeere. Etwa 150 000 Personen nahmen insgesamt an der Schlacht teil. Danach ließen die Siegreichen um die 12 000 Sklaven der Verlierer frei und nahmen etwa 10 000 türkische Gefangene.

ERBITTERTE KÄMPFE

Die Schlacht der spanischen und venezianischen Flotte unter der Leitung von Don Juan wurde gegen die osmanische (türkische) Flotte geführt. Es war die letzte große Schlacht zwischen Schiffen, die von Ruderern bewegt wurden. Eine Stunde kämpfte die Crew der *Real* gegen die der Galeere *Sultana*, die unter Befehl des osmanischen Admirals Ali Pascha stand, der im Kampf fiel. Sein Kopf wurde auf einem Spieß zur Schau gestellt, um die Kampfmoral der Türken zu schwächen.

FIESE ZUSTÄNDE

GALEEREN WURDEN VON SKLAVEN, VERBRECHERN UND KRIEGSGEFANGENEN GERUDERT, DIE UNTER DECK AN IHRE SITZE ANGEKETTET WAREN. DORT UNTEN MUSSTEN SIE SCHLAFEN, ESSEN UND AUF DIE TOILETTE GEHEN. ZWISCHEN ZWEI HÄFEN LAG OFT EINE GANZE WOCHE. DREI BIS FÜNF MÄNNER BEDIENTEN ZUSAMMENGEQUETSCHT EIN RUDER IN STINKENDER HITZE. DIE *REAL* HATTE 290 RUDERER.

LOS GEHT'S!

Wie möchtest du Barcelona erkunden? In einer Seilbahn, im Zug, in der Straßenbahn, auf dem Fahrrad oder vielleicht auf einem Skateboard? Mach dich einfach auf die Socken!

EIN SCHWEBENDES AUTO

MONTJUÏC-SEILBAHN

In Barcelona gibt es zwei Seilbahnen. Damit bekommst du einen perfekten Eindruck der Stadt aus der Vogelperspektive. Eine schwebt über den Hafen, sodass du die Schiffe unter dir bewundern kannst. Die andere ist die Montjuïc-Seilbahn. Sie fährt hinauf zur Montjuïc-Festung (s. Seite 15) und erspart Besuchern den Anstieg hinauf in den Park oben auf dem Berg.

752 M LANG IST DIE SEILBAHN, DIE AUF DEN MONTJUÏC FÄHRT

170 M HOCH IST DIE FESTUNG AUF DEM MONTJUÏC

START

TELEFÈRIC DE MONTJUÏC

SKATEBOARD-ZENTRUM

SKATEBOARDER, PLAÇA DELS ÀNGELS

Hier hängen die Skateboarder rum und üben ihre Tricks – ein toller Ort, um ihnen dabei zuzusehen. Die Architekten des nahe gelegenen Museums für zeitgenössische Kunst haben netterweise ein paar glatte Granitkanten und Stufen vorgesehen, die ideal sind für Grinds, Flips und Air-Tricks.

PLAÇA DELS ÀNGELS

MIT DER U-BAHN DURCH DIE STADT

BAHNHOF URQUINAONA

Die Metro fährt unter der Stadt. Es gibt 180 Bahnhöfe und auch ein paar „Geisterbahnhöfe“. Das sind verlassene U-Bahnstationen, die gebaut und später geschlossen oder nie benutzt wurden. Wer weiß, vielleicht steigen dort noch Geister ein und aus! Der Bahnhof Urquinaona wurde 1926 eingeweiht und ist der einzige noch betriebene Bahnhof mit einem schmiedeeisernen Originaleingang. Er befindet sich in der Carrer del Bruc. Gaudí ist vielleicht auch schon mal höchstpersönlich durch den schön geschwungenen Eingang gelaufen.

PASSEIG DE LLUÍS COMPANYS

WIRKLICH VIEL SPASS

PASSEIG DE LLUÍS COMPANYS

Barcelona ist eine fahrradfreundliche Stadt mit vielen Radwegen. Die breite Straße, die hinunter zum Ciutadella Park führt, ist eine beliebte Radstrecke. Hier kann man sich einen Drahtesel mieten und durch den Park radeln. Es gibt sogar Räder für vier Personen, also für die ganze Familie. Und wenn du müde bist und nicht mehr treten magst, kannst du in einem Trixi weiterfahren. Das ist eine Art Fahrrad-Taxi!

BARCELONA GEHÖRT ZU DEN 20 FAHRRAD-FREUNDLICHSTEN STÄDTEN DER WELT. DAS BESAGT DER BICYCLE FRIENDLY CITIES INDEX, DER JÄHRLICH ERSTELLT WIRD.

HALTE AUSSCHAU NACH TRIXIS. DIE FAHRRAD-TAXIS FAHREN AN DER UFERPROMENADE HERUM.

TRAMVIA BLAU

OLDTIMER AUF SCHIENEN

TRAMVIA BLAU

Es rattern viele moderne Straßenbahnen durch die Stadt, aber die älteste von allen ist die Tramvia Blau aus dem Jahr 1901. Mit ihr kannst du entlang der Avinguda del Tibidabo vorbei an vielen großartigen Villen bis zum Fuß des Tibidabo-Bergs fahren.

DIE ERSTEN STRASSENBAHNEN WURDEN VON PFERDEN GEZOGEN. SPÄTER WURDEN SIE MIT DAMPF ANGETRIEBEN. HEUTE FAHREN SIE ELEKTRISCH.

Suche: FAKTEN ÜBER BARCELONAS METRO

BERÜHMTE BAHNHÖFE

Die Stationen sind nach berühmten Personen benannt:

URQUINAONA – Ein Barceloner Bischof
PEP VENTURA – Ein Musiker und Komponist
VERDAGUER –Ein katalanischer Schriftsteller
JAUME I – Ein mittelalterlicher König

BERG MIT STANDSEILBAHN

TIBIDABO FUNICULAR

Standseilbahnen werden an Seilen auf Berge hinaufgezogen und auch wieder langsam hinuntergelassen. Wenn du Lust hast, kannst du mit einer solchen Bahn auf den Montjuïc und zum Naturpark Collserola fahren. Die älteste dieser Seilbahnen rattert seit 1901 – also seit über 100 Jahren – rauf zum Vergnügungspark Tibidabo. Spaß pur!

TIBIDABO FUNICULAR

VERGNÜGUNGSPARK TIBIDABO

HÖHENFLUG

EINE FAHRT IM AVIÓ, VERGNÜGUNGSPARK TIBIDABO

Ein Flug im Avió (Flugzeug) ist eine beliebte Attraktion auf dem Jahrmarkt. Man fliegt über den Gipfel des Tibidabo-Bergs und hat einen tollen Blick auf die darunter liegende Stadt. Es handelt sich um den Nachbau des ersten Flugzeugs, das 1927 von Barcelona nach Madrid geflogen ist. Seit 1928 fliegt es – angetrieben von seinem eigenen Propeller – immer im Kreis herum. Vielleicht sind darin schon die *avis* oder *abuelos* (katalanisch & spanisch für Großeltern) als Kinder durch die Lüfte geflogen!

AB INS GELÄNDE

NATURPARK COLLSEROLA

Die bewaldeten Täler und Waldwege in Barcelonas Naturpark Collserola eignen sich perfekt zum Mountainbiken. Als Biker kommt man in den Genuss eines supertollen Blicks auf die Stadt und trifft viele interessante Tiere, darunter Raubvögel, Laubfrösche und sogar Wildschweine! Wer es geruhsamer mag, kann hier natürlich auch wunderbar wandern.

NATURPARK COLLSEROLA

SPORTSTADT

Barcelonas Fußballmannschaft gehört zu den bekanntesten der Welt. Aber wusstest du auch, dass die Stadt einige der weltweit besten menschlichen Turmbauer hat? Also: Auf die Plätze, fertig, los!

FUSSBALLSTA

CAMP NOU

Der FC Barcelona ist einer der besten Fußballvereine der Welt. Klar, dass die ganze Stadt fußballverrückt ist. Die Mannschaft mit dem Spitznamen Barça ist in Camp Nou, dem größten Stadion Europas, zu Hause.

CAMP NOU HEISST ÜBERSETZT „NEUES STADION". OBWOHL ES SEINE PFORTEN SCHON 1957 ÖFFNETE. DER CLUB SELBST WURDE 1899 VON EINEM SCHWEIZER FUSSBALLFAN GEGRÜNDET.

CAMP NOU

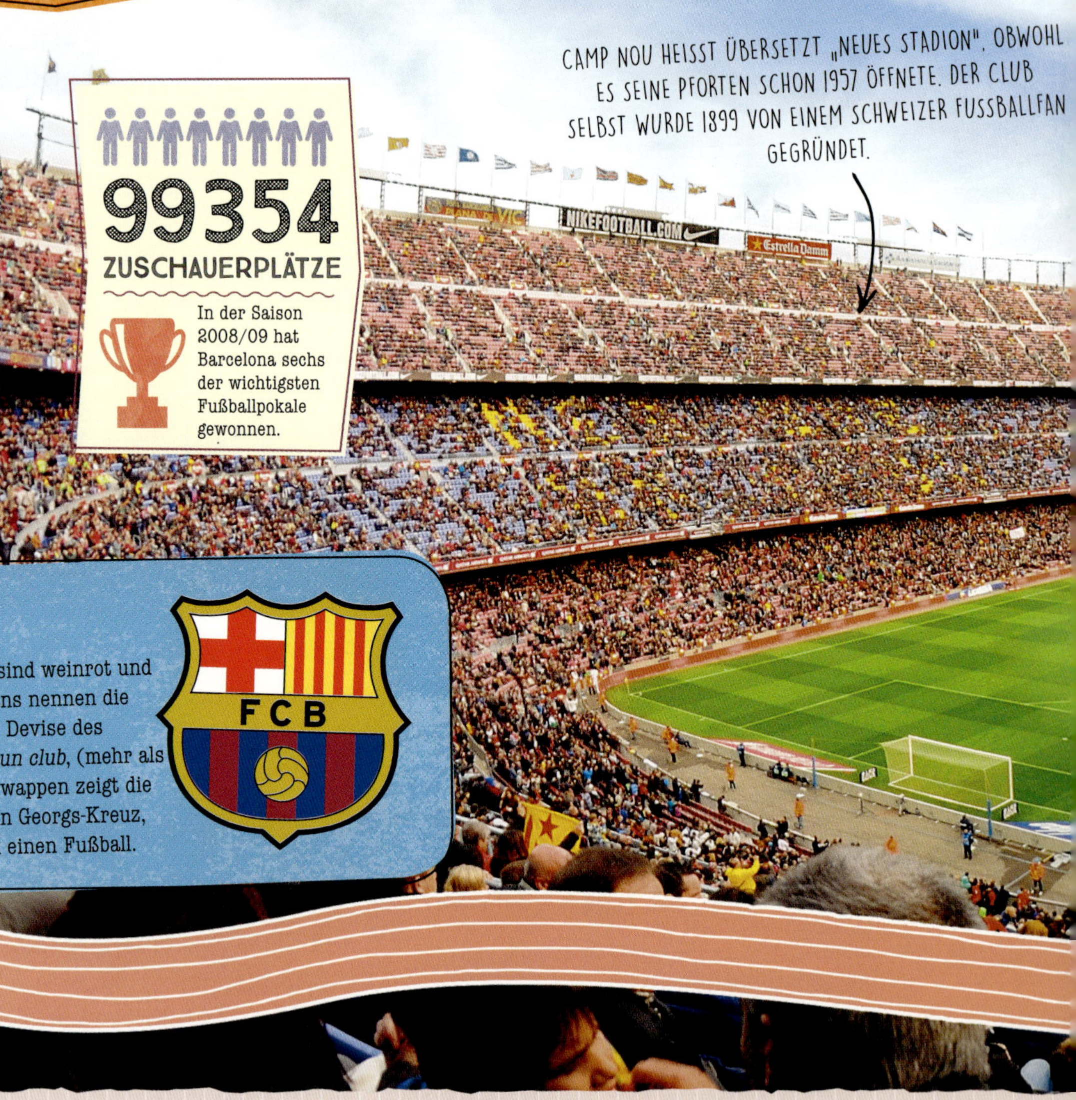

99354

ZUSCHAUERPLÄTZE

In der Saison 2008/09 hat Barcelona sechs der wichtigsten Fußballpokale gewonnen.

DAS TRIKOT

Barcelonas Fußballer sind weinrot und blau gekleidet. Ihre Fans nennen die Farben *blaugrana*. Die Devise des Clubs lautet: *Més que un club*, (mehr als ein Club). Das Vereinswappen zeigt die Flagge Kataloniens, ein Georgs-Kreuz, die Vereinsfarben und einen Fußball.

FCB

DER BARÇA-SONG

Bei den Spielen wird meistens die Vereinshymne gesungen. Hier die Übersetzung einiger Zeilen:

„Jetzt sind wir eins! Jetzt sind wir eins!
Hinter einer Fahne vereint
Blau-Rot in den Wind.
Beherzter Schrei.
Wir tragen einen Namen, den jeder kennt.
Barça! Barça! Barça!"

DIE MANNSCHAFT IST BERÜHMT FÜR IHR TIKI-TAKA-SPIEL, EIN PRÄZISES, SCHNELLES KURZPASSSPIEL.

DAS SPIEL DER SPIELE

Einmal im Jahr spielt Barcelona gegen den großen Rivalen Real Madrid. Das Spiel heißt *El Clásico* und ist neben dem Finale der Champion's League eines der populärsten Spiele der Welt.

SUPER TRAINING

LA MASIA IST DIE FUSSBALL-AKADEMIE DES FC BARCELONA, IN DER JUNGE FUSSBALLSPIELER AUSGEBILDET WERDEN. WELTKLASSESPIELER WIE LIONEL MESSI SIND HIER IN DIE LEHRE GEGANGEN. ER BEKAM FÜNF MAL DIE AUSZEICHNUNG ZUM WELTFUSSBALLER DES JAHRES, GENAUSO WIE CRISTIANO RONALDO VON REAL MADRID.

ACTION IN DER HALLE

PALAU BLAUGRANA

Die Halle Palau Blaugrana gehört dem FC Barcelona und befindet sich auf dem gleichen Gelände wie das Stadion Camp Nou. Hier spielen die beliebten Basketballer von Barcelona, aber auch Handball-, Rollhockey- und *futsal*-Mannschaften sind hier zu Hause (*futsal* ist Fußball mit nur fünf Spielern auf jeder Seite).

1992 SCHICKTEN DIE USA IHR „BASKETBALL-DREAM-TEAM" ZU DEN OLYMPISCHEN SPIELEN. ZUR MANNSCHAFT GEHÖRTEN SUPERSTARS WIE MICHAEL JORDAN UND MAGIC JOHNSON. NATÜRLICH HAT DAS TEAM DIE GOLDMEDAILLE EINGEHEIMST. ES WAR DERART GUT BESETZT, DASS ES OFT ALS BESTE MANNSCHAFT BEZEICHNET WIRD, DIE JE AN EINEM SPORTWETTKAMPF BETEILIGT WAR.

PALAU BLAUGRANA

KANNST DU DEN BESTEN SCHLAGEN?

OLYMPISCHES MUSEUM

Die Olympischen Spiele 1992 in Barcelona waren ein Riesenerfolg. Millionen Menschen saßen vor den Fernsehern, um die weltbesten Athleten zu sehen. Im Olympischen Museum erfährst du alles über olympische Wettbewerbe und kannst mithilfe von Simulatoren gegen die besten Sportler der Welt antreten.

OLYMPISCHES MUSEUM

Suche: OLYMPIADE IN BARCELONA

11 JAHRE ALT
Carlos Front war 1992 mit 11 Jahren der jüngste Teilnehmer an den Olympischen Spielen – als Steuermann des Ruderachters Spaniens.

GOLD-REKORD
Wital Schtscherba, ein Turner aus Weißrussland, gewann in Barcelona sechs Mal olympisches Gold, davon vier Medaillen an nur einem Tag – Weltrekord.

9356
Sportler nahmen an den Olympischen Spielen teil.

OLYMPISCHER PARK

DIESES SCHIFF AUF DER ERÖFFNUNGSFEIER STEHT SINNBILDLICH FÜR DIE MEDITERRANE KULTUR.

WIE ES DAMALS WOHL WAR?

OLYMPISCHER PARK

Wenn du Lust hast, kannst du Barcelonas Olympiastadion besichtigen. Cobi, ein katalanischer Schäferhund, war das Maskottchen der Olympiade 1992. Er steht als Bronzestatue in der Vila Olímpica, wo du ihn dir anschauen kannst.

RADELNDE SUPERSTARS

MONTJUÏC

Im März treffen sich einige der weltbesten Radfahrer in Katalonien, um an der Volta a Catalunya, einem anstrengenden Sieben-Tage-Rennen durch Katalonien, teilzunehmen. Sie müssen verdammt hohe Berge passieren, und jeder versucht, superschnelle Sprints zu gewinnen, bevor das Acht-Etappen-Rennen schließlich am Montjuïc in Barcelona endet. Der Gesamtsieger bekommt das prestigeträchtige weiß-grüne Trikot.

MONTJUÏC

KLAMMERN UND GEWINNEN

PLAÇA NOVA

Auf Straßenfesten kannst du manchmal beobachten, wie Sportler an einer *cucaña*, einem eingefetteten Mast, hinaufklettern. Das ist ein in Katalonien traditioneller Sport. Die älteste und am besten erhaltene *cucaña* Kataloniens kannst du auf dem Fest Sant Roc sehen. Es findet alljährlich am 16. August auf der Plaça Nova statt. Diese *cucaña* ist allerdings etwas anders. Sie ist nicht eingefettet, dafür aber waagerecht statt senkrecht. Dadurch wird die Sache aber nicht einfacher, denn die Stange dreht sich, sodass es echt schwer ist, nicht runterzufallen.

PLAÇA NOVA

LA RAMBLA

GEWONNEN!!

FONT DE CANALETAS, LA RAMBLA

Hier feiern Barcelonas Fußballfans die Siege. Und das tun sie schon seit den 1930er-Jahren, als die Fußballergebnisse noch an einer Tafel in der Nähe des Brunnens bekanntgegeben wurden. Der Legende nach kehrt man irgendwann nach Barcelona zurück, wenn man vor der Abreise Wasser aus dem Canaletas-Brunnen trinkt.

MENSCHENPYRAMIDEN

PLAÇA DE SANT MIQUEL

Casteller sind Teams, deren Mitglieder sich gegenseitig auf die Schultern klettern und so menschliche Pyramiden bauen. In ganz Katalonien gibt es Pyramidenbauer, aber die aus Barcelona gehören zu den besten. Die Mannschaften treten gegeneinander an, jede will den höchsten, kompliziertesten Turm bauen. Die berühmten *casteller* der Stadt werden mit einer Skulptur an der Plaça de Sant Miquel geehrt. Bewundern kannst du sie auf verschiedenen Festen überall in Barcelona, vor allem aber auf der La Mercé (s. Seite 28) und dem Gràcia Festival.

PLAÇA DE SANT MIQUEL

DIE KRÄFTIGSTEN *CASTELLER* STEHEN UNTEN. DANN KOMMEN DER STAMM UND SCHLIESSLICH DIE KRONE. EIN KIND, *ENXANETA* GENANNT, KLETTERT GANZ NACH OBEN AUF DIE SPITZE UND HEBT DIE HÄNDE – DAS IST DAS ZEICHEN FÜR DIE KRONE.

JEDE *CASTELLER*-MANNSCHAFT HAT EINEN KAPITÄN, DER DEN EINZELNEN MITGLIEDERN ANWEISUNGEN BEIM BESTEIGEN ERTEILT UND DARAUF ACHTET, DASS ALLE WIEDER HEIL RUNTERKOMMEN. DER BAU DER PYRAMIDE WIRD VON FLÖTENSPIEL UND TROMMELN BEGLEITET.

PLAYA DE BOGATELL

SPIKING, ROLLING UND DINKING

BOGATELL UND ANDERE STRÄNDE

Beachvolleyball ist ein beliebter Sport an Barcelonas Stränden. An der Playa de Bogatell sind viele Netze gespannt, und am Port Olímpic finden manchmal internationale Beachvolleyball-Turniere statt.

Kennst du diese Beachvolleyball-Techniken?

SPIKING – den Ball mit der offenen Hand von oben über das Netz auf den Boden schlagen.

ROLLING – ähnlich wie Spiking, der Ball wird aber sanfter und bogenförmiger geschlagen.

DINKING –den Ball sanft und ganz knapp über das Netz befördern.

SOUNDS UND MEHR

Barcelonas Herz schlägt alljährlich im Takt vieler Musikfestivals. Auf dieser beschwingten Tour entdeckst du tanzend ungewöhnliche Instrumente, faszinierende Volkstänze und eine der besten jungen Musikszenen Europas.

2400+

MUSIKINSTRUMENTE HAT DAS MUSEUM IM BESTAND

START

PARC DEL FÒRUM

DER BESTE SOUND

PRIMAVERA SOUND, PARC DEL FÒRUM

Barcelonas supercooles Musikfestival heißt übersetzt „Frühlingsklänge". Auf dem Ende Mai stattfindenden Event treten internationale Top-Bands und grandiose Solisten auf. Da auch aufstrebende junge Musiker teilnehmen, siehst du hier vielleicht sogar den einen oder anderen zukünftigen Superstar.

HAUS DER MUSIK

MUSIKMUSEUM

Das Musikmuseum der Stadt beherbergt Musikinstrumente aus aller Welt, darunter auch ein paar sehr ungewöhnliche und seltene. Kannst du dir vorstellen, wie ein Claviorganum gespielt wird? Würdest du hineinblasen, schrammeln oder klimpern? Im senkrechten Text rechts steht, wie es geht. In dem Museum gibt es außerdem die beste Gitarrensammlung der Welt. Besucher dürfen auf echten Musikinstrumenten spielen. Hättest du Lust, eine elektrische Gitarre, eine Harfe oder ein Cello auszuprobieren?

HIER SIEHST DU EIN PAAR TRADITIONELLE KATALANISCHE MUSIKINSTRUMENTE. IM MUSEUM KANNST DU SIE IM ORIGINAL BEWUNDERN.

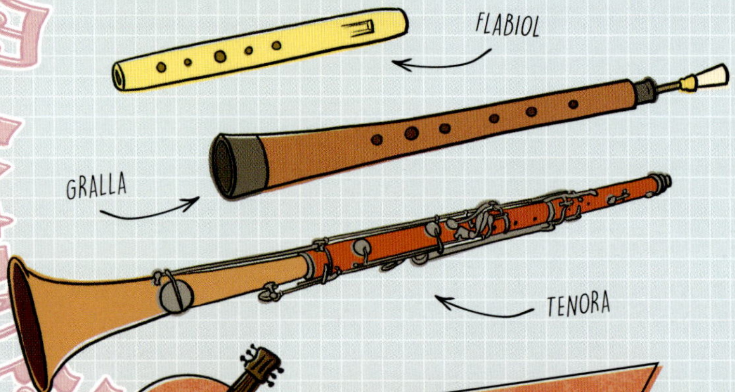

MUSIKMUSEUM

PALAST DES LICHTS

PALAU DE LA MÚSICA CATALANA

Übersetzt bedeutet der Name dieser Konzerthalle „Musikpalast“, und er sieht wirklich aus wie die wunderschöne musikalische Verrücktheit eines Monarchen. Das vor gut 100 Jahren errichtete Gebäude hat eine unglaubliche Decke aus Glas. Wer hier tagsüber musiziert, badet im Licht, das durch die Bleiglasdecke in den Saal dringt.

PALAU DE LA MÚSICA CATALANA

PLAÇITA DE LA SEU

STOLZER TANZ

SARDANA DANCE, PLAÇITA DE LA SEU

Sonntagvormittags treffen sich viele Einheimische auf dem Platz vor der Kathedrale, um *sardana* zu tanzen. Sie fassen sich im Kreis an den Händen und machen komplizierte Schritte. Jeder, der die Schrittfolge beherrscht, kann mitmachen. Die Tänzer werden von einer Liveband namens *cobla* begleitet, die auf katalanischen Blechblasinstrumenten, Flöten und Tamburinen musiziert.

SARDANA IST EIN NATIONALES SYMBOL KATALONIENS. VON 1936 BIS 1939 HERRSCHTE IN SPANIEN BÜRGERKRIEG ZWISCHEN DEN NATIONALISTEN UND REPUBLIKANERN. AM ENDE FIEL BARCELONA IN DIE HÄNDE DER NATIONALISTEN UND GENERAL FRANCO ÜBERNAHM DIE KONTROLLE ÜBER SPANIEN. ER VERBOT DIE KATALANISCHE SPRACHE UND DIE BRÄUCHE, SO AUCH DEN *SARDANA*. DAS VERBOT HATTE ABER DEN GEGENTEILIGEN EFFEKT: ES WURDE NICHT BEFOLGT, UND DIE MENSCHEN ZEIGTEN MIT DEM TANZ WEITERHIN IHREN KATALANISCHEN STOLZ.

KONZERTECKE

ECKE CARRER DEL BISBE UND CARRER DE LA PIETAT

Straßenmusiker gibt es in Barcelona überall, aber an dieser besonderen Ecke in einer kleinen Straße hinter der Kathedrale spielen nur die Allerbesten. Passanten bekommen hier die schönste Musik außerhalb der Konzerthallen der Stadt zu hören. Und weil sich das herumgesprochen hat, ziehen die Künstler, die hier auftreten, stets ein großes Publikum an.

LICEU

ARIEN UND CHÖRE

LICEU

Barcelonas atemberaubendes hufeisenförmiges Opernhaus wurde in seiner ereignisreichen Geschichte mehrmals zerstört: Zweimal fiel es einer Feuersbrunst und einmal einer Bombenexplosion zum Opfer. Der Legende nach wurde es über den Resten einer mittelalterlichen Hinrichtungsstätte errichtet, auch glauben einige, dass das Gebäude verflucht und verhext sei.

BARCELONAS BEKANNTESTE OPERNSÄNGERIN IST MONTSERRAT CABALLÉ. IHRE SOPRANSTIMME MACHTE SIE WELTBERÜHMT. DU KENNST DOCH BESTIMMT IHR DUETT MIT FREDDIE MERCURY VON DER BAND QUEEN. MIT IHREM SONG *BARCELONA* LANDETEN DIE BEIDEN EINEN WAHNSINNSHIT. DAS LIED WURDE ZUR ERKENNUNGSMELODIE DER OLYMPISCHEN SPIELE 1992.

DARF ICH BITTEN?

CASA DE LA DANSA

Im „Tanzhaus“ treten einige der besten Tänzer Barcelonas auf. Sobald Kinder laufen können, können sie hier an lustigen Tanzveranstaltungen teilnehmen.

FLAMENCO IST EIN LEIDENSCHAFTLICHER SPANISCHER TANZ, BEI DEM DIE TÄNZER MIT DEN FÜSSEN AUF DEN BODEN KLACKEN. DER TANZ STEHT MIT DEN ROMA DES LANDES IN ENGER VERBINDUNG. CARMEN AMAYA (1913 – 1963) GILT ALS BESTE FLAMENCO-TÄNZERIN ALLER ZEITEN. SIE WURDE IN EINEM ARMENVIERTEL BARCELONAS GEBOREN, MIT SECHS JAHREN BEGANN SIE MIT DEM TANZEN. SIE SAGTE, DASS SIE IM RHYTHMUS DER WELLEN, DIE AN DIE KÜSTE DER STADT SCHWAPPEN, TANZEN GELERNT HABE.

CASA DE LA DANSA

Suche: BARCELONA-BEATS

DER SOUND DER STADT

In Barcelona gibt es eine große, moderne Musikszene. Viele Rockbands und Volksmusiker leben in der Stadt. Hast du schon mal die für Barcelona so typische katalanische Rumba gehört? Das ist ein Mix aus Kuba- und Flamenco-Klängen mit modernem Beat.

SÓNAR FESTIVAL

MEGA MUSIKPARTY

SÓNAR FESTIVAL

Barcelonas großes Festival ist der elektronischen Musik gewidmet. Es findet Mitte Juni statt und lockt DJs und Bands aus aller Welt an. Tausende Musikfans aus ganz Europa kommen zu diesem Event in die Stadt, um bei den neuesten Live-Gigs dabei zu sein.

PERFEKTE PARKS

Wie wär's mit einem geruhsamen Ausflug in die Parks von Barcelona? Dort triffst du bestimmt ein paar Göttinnen, eine Wasserkatze, eine Riesenkralle und sogar einige Drachen!

VON GÖTTINNEN BEWACHT

CIUTADELLA PARK

Dieser Park ist eine grüne Oase mitten in der Stadt. Hier kannst du wunderbar Boot fahren, ein Picknick machen und ein paar ungewöhnliche Kreaturen erspähen.

CIUTADELLA PARK

GEGEN REGEN GEWAPPNET

Die Dame mit dem Schirm steht im Park am Zoo-Eingang. Sie wurde vor über 100 Jahren anlässlich einer großen Ausstellung in Stein gehauen und ist wie die Damen der damaligen Zeit gekleidet. Es sieht so aus, als würde sie mit der Hand testen, ob es noch regnet.

DER SEE DER GÖTTINNEN

Wenn du Lust hast, kannst du auf dem See mit dem Wasserfall unter den Augen von zwei alten römischen Göttinnen herumrudern. Oben auf dem Wasserfall sitzt Aurora, die Göttin der Morgenröte, in ihrem von goldenen Pferden gezogenen Wagen. Venus, die Göttin der Liebe, steht in einer Muschel, es sieht aus als ob sie gleich ins Wasser springen würde.

ZIRKUSSPASS

In dem Park kannst du wunderbar Artisten beobachten, die hier ihre Tricks üben, auf Seilen tanzen oder jonglieren. Für die Musik im Park sorgen Trommler und Gitarrenspieler.

ZWEI STEINERNE GAUNER

IN DEM PARK GIBT ES NEBEN VIELEN STATUEN BERÜHMTER PERSONEN AUF EINEM SPRINGBRUNNEN AUCH ZWEI FIGUREN AUS DEM MÄRCHEN: *DER FUCHS UND DER STORCH*. IN DER GESCHICHTE LÄDT DER FUCHS SEINEN FREUND, DEN STORCH, ZUM ESSEN EIN. ER SERVIERT SUPPE IN EINER SCHALE, DIE ER SELBST ABLECKEN KANN, DER STORCH ABER NICHT. DARAUFHIN LÄDT DER STORCH DEN FUCHS ZUM ESSEN EIN. ER SERVIERT DAS ESSEN IN EINEM KRUG MIT DÜNNEM HALS. DER STORCH KANN SEINEN SCHNABEL REINSTECKEN, DER FUCHS ABER KOMMT NICHT AN DAS ESSEN HERAN – ZWEI GAUNER HABEN SICH GEGENSEITIG AUSGETRICKST.

30 HEKTAR

100+ VOGELARTEN

DIEBE IM ZOO!

Barcelonas Zoo ist über 100 Jahre alt. Neben seinen eigentlichen Bewohnern – von Krokodilen bis zu Tigern – sind hier auch viele Wildvögel zu sehen, darunter eine ganze Kolonie eleganter Graureiher. Sie staksen herum, als würden sie zum Zoo gehören. Dabei klauen sie nur den in Gefangenschaft lebenden Vögeln das Futter.

DAS LIED DER KATZE

LARIBALGÄRTEN

Dieser friedliche Garten befindet sich am Hang des Montjuïc. Er ist für seinen *Font del Gat* (Katzenbrunnen) bekannt. Seit 100 Jahren fließt Wasser aus dem Maul der Katze. Der Brunnen hat sogar sein eigenes, berühmtes Kinderlied. Es heißt *Baixant de la Font del Gat* (Unten am Katzenbrunnen) und handelt von einer jungen Frau, die hier an dem Brunnen ihre große Liebe trifft. Wenn du magst, kannst du dir das Lied online anhören.

LARIBALGÄRTEN

1350 VERSCHIEDENE SPEZIES

BOTANISCHER GARTEN VON BARCELONA

DÜFTE DER WELT

BARCELONAS BOTANISCHER GARTEN

Dies ist ein Ort, an dem sich leicht ein Weltreise-Feeling einstellt. Es gibt Pflanzen aus aller Welt, darunter aus Australien, Südafrika und Kalifornien. Hier stehen auch einige der größten Bäume Barcelonas. Außerdem gibt es einen Garten der Sinne, in dem du die Pflanzen anfassen und ihre Düfte kennenlernen kannst.

CERVANTES PARK

BLÜTEN-WETTBEWERB

CERVANTES PARK

In Barcelonas riesigem Rosengarten gibt es etwa 245 Rosenarten – von der wohlriechendsten bis zur größten und kleinsten der Welt. Sogar blaue Rosen wachsen hier. Jedes Jahr findet in dem Park der Internationale Wettbewerb Neuer Rosen statt, an dem Rosenzüchter aus aller Welt teilnehmen und auf einen Preis hoffen. Die Rosenart, die gewinnt, wird dann im Park angepflanzt. Das ist eine große Ehre für den Rosenzüchter!

10 000 ROSENSTRÄUCHER GIBT ES IM PARK

ORENETA PARK

BITTE EINSTEIGEN!

ORENETA PARK

Der Park verdankt seinen Namen den Resten der Festung Oreneta – *oreneta* ist katalanisch und bedeutet Schwalbe. Wegen seiner Miniaturbahn, die die tollste Europas sein soll, ist er besonders beliebt. Die Bahnlinie hat ihren eigenen Bahnhof und ihr eigenes Personal. Der Zug rattert durch den Park, durch Tunnel und über Brücken. Die ganze Strecke ist 636 m lang.

EINE RIESENKLAUE

CREUETA DEL COLL PARK

In diesem Park befindet sich nicht nur ein großes öffentliches Schwimmbad, sondern auch die bizarre, beeindruckende Skulptur *Lob des Wassers* von Eduardo Chillida, eine gewaltige Betonklaue, die an enormen Metallkabeln hängt. Der Künstler will mit seinem Werk die Menschen an die unermessliche Weite des Universums erinnern.

IRRER IRRGARTEN

HORTAS GRÜNES LABYRINTH

In dem ältesten Park Barcelonas gibt es einen fantastischen Irrgarten aus hohen Hecken. Die Besucher werden aufgefordert, die Geschichte des alten Helden Theseus nachzuspielen, der in einem Labyrinth gegen Minotauros kämpfte. Minotauros ist ein Monster mit menschlichem Körper und Stierkopf, das Menschen frisst! Aber keine Angst, in der Mitte des Irrgartens findest du nur eine Statue von Eros, dem griechischen Gott der Liebe.

TIBIDABO

ZAUBERBERG

VERGNÜGUNGSPARK TIBIDABO

Wo könnte es ein geheimnisvolles Schloss, eine Piratenburg und ein Spiegelkabinett geben? Richtig, in Barcelonas 100 Jahre altem, aber noch immer total beliebtem Vergnügungspark oben auf dem Berg Tibidabo. Hier kannst du in einem Flugzeug über die Stadt fliegen (s. Seite 39), in einer Achterbahn mit 80 km/h durch den Wald rasen und in einer Hochbahn und einem bunten Riesenrad fahren. Eine Virtual-Reality-Fahrt gibt's natürlich auch.

WIE AUF DEM LAND

NATURPARK COLLSEROLA

Oberhalb von Barcelona erstreckt sich einer der größten städtischen Parks der Welt. Neben Wander- und Radwegen (s. Seite 39) hat er auch eine bunte Tierwelt zu bieten. Vogelliebhaber aus aller Welt kommen hierher, um die im Park lebenden Greifvögel und vor allem im Herbst die Zugvögel zu beobachten. Wenn sich Vögel auf ihre Winterreise gen Süden begeben, kannst du Wanderfalken, Fischadler und sogar Schlangenadler am Himmel entdecken.

NATURPARK COLLSEROLA

ALS DER VERGNÜGUNGSPARK IM JAHR 1901 SEINE TORE ÖFFNETE, STANDEN DIE MENSCHEN MIT OFFENEM MUND VOR DEN DORTIGEN ERFINDUNGEN WIE POSTKARTENAUTOMATEN UND FERNGLÄSER.

SCHLANGEN-ADLER

111 KM²
IST DER PARK GROSS

KUNSTSTADT

Ein Bummel durch die Stadt wird deine Kreativität anregen, sodass du später vielleicht in die Fußstapfen berühmter Künstler oder talentierter Kunsthandwerker treten kannst.

IN BARCELONA GEBOREN

JOAN MIRÓ STIFTUNG

Joan Miró wurde in Barcelona geboren, bekam schon mit sieben Jahren Zeichenunterricht und gelangte im 20. Jahrhundert als Künstler zu Weltruhm. Jeden Tag spazieren Tausende Menschen über sein Mosaik auf der La Rambla oder bewundern seine Skulpturen im Joan Miró Park. Selbstverständlich hat er in Barcelona auch sein eigenes Museum.

MIRÓ STELLTE DIE DINGE NICHT REALISTISCH DAR. ER WANDELTE SIE IN FORMENGRUPPEN UM, DIE MENSCHEN, TIERE, STERNE ODER DEN MOND DARSTELLEN SOLLTEN. ER BENUTZTE LEUCHTENDE FARBEN WIE ROT, BLAU UND GELB. MIRÓ SAGTE, DASS ER DIE IDEE DER REALISTISCHEN MALEREI ZERSTÖREN WOLLE.

POBLE ESPANYOL

KUNSTHANDWERK

POBLE ESPANYOL

Im Poble Espanyol, einem Freilichtmuseum mit spanischen Straßen und Gebäuden, kannst du allen möglichen Kunsthandwerkern über die Schulter gucken. Hier haben Glasbläser, Schmuckdesigner und Weber ihre Werkstätten und benutzen althergebrachte Handwerkstechniken für die Herstellung ihrer Arbeiten.

START

JOAN MIRÓ STIFTUNG

STIFTUNG ANTONI TÀPIES

EIN KÜNSTLER, DER ALLES GEBRAUCHEN KONNTE

STIFTUNG ANTONI TÀPIES

Antoni Tàpies ist ein in Barcelona geborener Künstler, der in den 1960er- und 1970er-Jahren weltberühmt wurde. Seine Gemälde bestückte er mit vielen ungewöhnlichen Dingen, z. B. Lehmstaub, Altpapier, Lumpen und Bändern. Damit wollte er zeigen, aus welchen „Sachen" die Welt besteht. Künstler auf der ganzen Welt ließen sich von seinem aufregenden Stil inspirieren.

ANTONI TÀPIES SCHUF IN BARCELONA EINE KUNSTSTIFTUNG. DORT KANNST DU SEINE WERKE BESTAUNEN. ER SCHMÜCKTE DAS GEBÄUDE MIT EINER RIESIGEN METALLSKULPTUR NAMENS *NÚVOL I CADIRA*, WAS ÜBERSETZT WOLKE UND STUHL HEISST. ZU SEHEN IST EIN STUHL AUF EINER RIESIGEN WOLKE. HAST DU EINE IDEE, WAS DAS BEDEUTEN SOLL?

KUNST FÜR ALLE

KUNSTHANDWERKSMARKT, PLAÇA DE SANT JOSEP ORIOL

Du kannst dir ein Barcelona-Bild von einem der vielen Künstler kaufen, die ihre Werke auf Straßenmärkten überall in der Stadt anbieten. Auf der La Rambla kannst du dich auch in Windeseile porträtieren lassen.

PLAÇA DE SANT JOSEP ORIOL

JEDER WAR GEFRAGT

DER MAUERKUSS, PLAÇA D'ISIDRE NONELL

Das berühmte Wandbild sieht aus wie ein sich küssendes Paar. Schaust du aber genauer hin, wirst du sehen, dass das Bild aus Hunderten von winzigen auf Fliesen gedruckten Fotos besteht. Der Künstler Joan Fontcuberta bat Leute, ihm ihre Fotos zu schicken, auf denen zu sehen ist, was sie unter Freiheit verstehen würden. Diese Fotos benutzte er dann für sein Wandbild, das er *El Món Neix en Cada Besada* nannte, was so viel bedeutet wie „Mit jedem Kuss wird die Welt geboren". Es soll die persönliche Freiheit darstellen.

4000
FOTOS – EIN WANDBILD

PLAÇA D'ISIDRE NONELL

PICASSO MUSEUM

MALERGENIE

PICASSO MUSEUM

Pablo Picasso zählt zu den bekanntesten Künstlern der Welt. Als er im Teeniealter war, zog seine Familie nach Barcelona um. Hier begann er, Personen und Plätze zu skizzieren. Einige seiner frühen Werke kannst du dir in dem ihm gewidmeten Museum anschauen.

PICASSO WURDE DURCH SEINEN MALSTIL, DEN KUBISMUS, BERÜHMT. AUF SEINEN KUBISTISCHEN GEMÄLDEN SIND DINGE ZU SEHEN, DIE ZERTEILT UND DANN WIEDER ZUSAMMENGESETZT WURDEN. ER MALTE DIE DINGE SO, WIE ER SIE SICH VORSTELLTE UND NICHT, WIE ER SIE SAH.

PICASSOS WELTBEKANNTE SIGNATUR IST SEHR WERTVOLL. MANCHE SEINER KUNSTWERKE SIGNIERTE ER ABER NICHT. VON EINEM DER BILDER, DIE ER GEMALT HAT, BEHAUPTETE ER SOGAR, ES SEI EINE FÄLSCHUNG! ALS EIN FREUND IHN DARAUF HINWIES, DASS ER SELBST DABEI WAR, ALS PICASSO ES MALTE, ERWIDERTE DER KÜNSTLER: „FALSCHE PICASSOS KANN ICH GAR NICHT MALEN."

KREATIVES VIERTEL

STADTVIERTEL EL BORN

Dieser alte Stadtteil war einst (und ist bis heute) Heimat vieler Handwerker. Straßennamen verraten, was dort hergestellt wurde. Die *Carrer de l'Argenteria* war die „Straße der Silberschmiede", die *Carrer dels Miralles* die „Straße der Spiegelmacher" und die *Carrer dels Sombrerers* die „Straße der Hutmacher".

Suche: DER JUNGE PICASSO

EIN KINDERSPIEL

Picassos erstes Wort soll *piz* gewesen sein – das ist das spanische Kurzwort für „Bleistift". Sein Vater war Künstler und Kunstprofessor und unterrichtete ihn schon, als er gerade mal sieben Jahre alt war. In der Schule hatte er dann viele Probleme, angeblich konnte er sich das Alphabet nicht merken. Gegen das Nachsitzen hatte er nichts – dann konnte er in aller Ruhe zeichnen.

WUNDERSAM BEMALTE WÄNDE

ÜBERALL IN BARCELONA

Überall in der Stadt gibt es bemalte Häuserwände, darunter auch eine große Wand an der Rückseite des Zoos von Barcelona, die für tolle Graffiti vorgesehen ist. Ein riesiger Schädel, eine große Fahrradfelge und ein schwimmendes Haus sind nur einige der umwerfenden Gemälde, die an dieser Wand schon zu sehen waren.

ÜBERALL IN BARCELONA

VON OBEN

In Barcelona gibt's ein paar Hügel mit grandioser Aussicht, einen Hi-Tech-Wolkenkratzer, der seine Farben ändern kann und auf dessen Dächern einige Monster leben, sowie einen der berühmtesten Swimming-Pool-Blicke der Welt. Viel Spaß auf der höchsten Tour der Stadt!

START

TIBIDABO

TORRE DE COLLSEROLA

288 M HOCH

RUNDUMBLICK ÜBER DIE STADT

TORRE DE COLLSEROLA

Der gewaltige Fernsehturm steht im Naturpark Collserola. Er ist das höchste Gebäude der Stadt; von hier werden Radio- und TV-Signale gesendet.

DER TURM HAT 13 STOCKWERKE. WENN DU NICHT UNTER HÖHEN-ANGST LEIDEST, KANNST DU MIT EINEM AUFZUG IN DEN 10. STOCK FAHREN UND DIR BARCELONA AUS DER VOGELPERSPEKTIVE ANSCHAUEN.

HOCH HINAUS

TEMPLE DEL SAGRAT COR, TIBIDABO

Oberhalb von Barcelona steht Jesus mit ausgestreckten Armen auf einer Kirche und schaut vom Tibidabo-Berg hinunter auf die Stadt. Für Besucher gibt es Treppen und Aufzüge nach oben, wo man dann in den Genuss eines traumhaften Blicks kommt.

TIBIDABO BEDEUTET „ICH WERDE DIR GEBEN". IN DER LEGENDE HEISST ES, DASS DER TEUFEL JESUS AUF DEN GIPFEL BRACHTE UND IHN MIT DIESER AUSSICHT IN VERSUCHUNG FÜHREN WOLLTE. ER SAGTE: „HAEC TIBI OMNIA DABO SI CADENS ADORAVERIS ME". DAS IST LATEIN UND BEDEUTET „ALL DIES WERDE ICH DIR GEBEN, WENN DU NIEDERKNIEST UND MICH ANBETEST". DIE ÜBER DIE STADT BLICKENDE STATUE JESU SYMBOLISIERT SEINE WEIGERUNG, DEM TEUFEL ZU GEHORCHEN.

REISE DURCH DAS WELTALL

PLANETARIUM IN COSMOCAIXA

In diesem Planetarium kannst du mithilfe der 3D-Technologie in den Weltraum reisen und alles über das Universum lernen. Die Besucher haben 3D-Brillen auf der Nase und sitzen in einer Kuppel, in der man erfährt wie es wäre, in die Tiefen des Alls einzudringen.

COSMOCAIXA

CARMEL BUNKER

BUNKER MIT AUSSICHT

DIE CARMEL BUNKER

Die alten Bunker aus dem spanischen Bürgerkrieg befinden sich oben auf einem Hügel im Guindardó Park. Wo einst Flugabwehrgeschütze installiert waren, ist heute ein toller Ausblick auf die Stadt geboten. Abends trifft man sich hier, singt gemeinsam Lieder und genießt den Sonnenuntergang.

NACH DEM ENDE DES SPANISCHEN BÜRGERKRIEGS WAREN VIELE BEWOHNER DER STADT OBDACHLOS. DIE BUNKER DIENTEN ALS UNTERSCHLUPF UND WURDEN TEIL EINES ELENDSVIERTELS, IN DEM ETWA 3000 MENSCHEN LEBTEN. IN DEM KLEINEN BUNKER-MUSEUM ERFÄHRST DU ALLES ÜBER DEREN UNGEWÖHNLICHE VERGANGENHEIT.

ÜBERALL IN BARCELONA

VORSICHT, MONSTER!

DIE STADT UND IHRE WASSERSPEIER

In den Bezirken Gothic und El Born – den ältesten Teilen der Stadt – leben hoch über den Köpfen der Menschen Monster und Fabelwesen. Vor über 600 Jahren wurden religiöse mittelalterliche Gebäude mit schaurig aussehenden Wasserspeiern versehen. Die Monster und Dämonen sollten jeden an den unaufhörlichen Kampf zwischen Gut und Böse erinnern. Fabelwesen wie Einhörner stammen aus alten katalanischen Geschichten über mutige Ritter, die gegen magische Feinde kämpften.

TORRE AGBAR

HIGH-TECH

TORRE AGBAR

Dieser gurkenförmige Wolkenkratzer ändert ständig seine Farbe. Er hat eine bunte Außenhaut aus Aluminium, die tagsüber in der Sonne leuchtet. Nachts erzeugen über 4500 LED-Projektoren Farben und Bilder auf der Oberfläche des Turms.

4500 FENSTER

FAST 60 000 GLASLAMELLEN

werden per Computer auf- bzw. zugeklappt, um die Temperatur zu regeln.

LAS ARENAS

ROLLTREPPEN STATT STIERKÄMPFE

LAS ARENAS SHOPPING MALL

In der zweitältesten Stierkampfarena der Stadt jubelten früher 16 000 Fans. Heute sind Stierkämpfe in Barcelona verboten, und die Arena wurde in ein gigantisches Einkaufszentrum umgebaut. Wenn du Lust hast, kannst du mit der Rolltreppe ganz nach oben fahren und die tolle Aussicht über die Stadt genießen. Von dort oben kannst du außerdem einen Blick in die ehemalige Arena werfen.

Suche: IRRE SEILBAHNFAHRT

WAHNSINNSGONDEL

Von den beiden Seilbahnen in Barcelona ist der *Transbordador Aeri del Port* klar die aufregendere. Unterwegs hoch durch die Lüfte hält er nicht an, und man muss auf der sieben Minuten langen Fahrt vom Hafen hinauf zum Montjuïc stehen. Der Blick ist wahrhaft beeindruckend, aber für Menschen mit Höhenangst ist dieser Trip nichts.

SCHWIMMBAD AUF DEM MONTJUÏC

EIN WELTKLASSE-BAD

SCHWIMMBAD AUF DEM MONTJUÏC

Das Wasserspringerbecken wurde durch die Olympischen Sommerspiele 1992 weltberühmt. Es gingen unglaubliche Bilder um die Welt, auf denen die Springer am Himmel über Barcelona zu schweben schienen. Im Juli und August kann in diesem Schwimmbad hoch oben auf dem Montjuïc jeder planschen. Aufgrund des Blicks soll es das spektakulärste Schwimmbad der Welt sein.

DIE FESTUNG AUF DEM BERG

FESTUNG MONTJUÏC

Die Festung auf dem Montjuïc bietet von unten einen tollen Anblick. Sie wurde vor fast 400 Jahren errichtet und spielte seither in verschiedenen Kriegen und Aufständen eine wichtige Rolle. Ihre Kanonen waren oft nach unten auf die Stadt gerichtet, um Aufstände niederzuschlagen. Heute gehört die Festung der Stadt, die riesigen Kanonen zielen hinaus aufs Meer, und die Anlage ist ein ziemlich friedlicher Ort, an dem Film- und Kulturfestivals sowie Konzerte stattfinden.

FESTUNG MONTJUÏC

DIE KANONEN VOM MONTJUÏC

Früher standen in der Festung 120 Kanonen, rundherum gab es einen Burggraben. Innen sind ein paar alte Vickers-Maschinengewehre von 1938 ausgestellt, die Granaten auf feindliche Schiffe feuerten.

GEFÄNGNISJAHRE

Die Festung auf dem Montjuïc durchlebte in und nach dem Spanischen Bürgerkrieg eine dunkle Zeit. Während der Diktatur von General Franco diente sie als Gefängnis – auch für politische Gefangene. Viele der Insassen wurden hingerichtet.

VOR DEM BAU

Bevor die Festung auf dem Montjuïc errichtet wurde, stand hoch oben auf dem Berg ein Wachturm, von dem aus man vor feindlichen Schiffen warnte, die sich der Küste näherten. Lange davor brachen die alten Römer hier Steine, die sie für den Bau ihrer Häuser und Tempel benötigten. Und noch früher lebten auf dem Berg Urmenschen, die ein paar ihrer Feuersteinwerkzeuge hier vergessen haben.

EIN HELD OHNE HERZ

EIN KATALANISCHER HELD, GEORG VON HESSEN-DARMSTADT, STARB, ALS ER DIE FESTUNG 1705 DEN FRANZOSEN WEGNEHMEN WOLLTE. ER IST IN BARCELONA BEGRABEN, ABER SEIN HERZ WURDE ZURÜCK IN SEINE GEBURTSSTADT DARMSTADT GEBRACHT. IN BARCELONA WURDE EINE STRASSE NACH IHM BENANNT, DIE *CARRER DEL PRÍNCEP JORDI*.

ÜBERRASCHUNG!

Im Spanischen Erbfolgekrieg 1705 wollte der britische Kommandeur Lord Peterborough den Franzosen und pro-französisch eingestellten Spaniern die Festung auf dem Montjuïc wegnehmen. Einen Teil seiner Truppen positionierte er als Ablenkung vor der Festung während die Anderen die Festung von hinten erfolgreich angriffen.

173 M
ÜBER DEM MEERESSPIEGEL

1640
WURDE DIE ERSTE FESTUNG ERRICHTET

BARCELONAS STIL

Design hat in Barcelona eine lange Tradition, nicht nur bei Gebäuden, sondern auch in vielen anderen Bereichen – von Kleidung bis zu digitaler Technologie. Diese Design-Tour durch eine der ideenreichsten Städte Europas wird dich bestimmt inspirieren.

DIGITALER WAGEMUT

ARTS SANTA MÒNICA

Kennzeichen dieses Zentrums für Kunst und Design ist die Verwendung digitaler Technologie. Hier wird immer etwas Neues und Aufregendes geboten, und das nicht nur zum Ansehen. An Vielem kannst du auch selbst Hand anlegen. Wie wär's mit Musik- oder Videospieldesign?

ARTS SANTA MÒNICA BEFINDET SICH IN EINEM EHEMALIGEN KLOSTER DER „BARFÜSSIGEN AUGUSTINERINNEN" (SIE TRUGEN SANDALEN STATT SCHUHE, UM ZU ZEIGEN, DASS SIE EIN EINFACHES LEBEN FÜHRTEN). WAS DIE WOHL VON DIGITALER KUNST UND ELEKTRONISCHER MUSIK GEHALTEN HÄTTEN?!

LA MANUAL ALPARGATERA

TYPISCH KATALANISCH

LA MANUAL ALPARGATERA

Espadrilles sind traditionelle katalanische Schuhe mit Sohlen aus Pflanzenfasern. Viele Leute tragen sie im Sommer, und auf Festen sind sie Bestandteil traditioneller Kleidung. Barcelonas ältester und berühmtester Espadrilles-Laden ist La Manual Alpargatera, der 1940 seine Pforten öffnete und die beliebteste Schuhmode der Barceloner aller Zeiten schuf.

START

ARTS SANTA MÒNICA

HEIMISCHE TRACHTEN

PLAÇA SANT JAUME AND ANDERE FESTIVAL-LOCATIONS

Traditionelle katalanische Trachten werden auf Festen getragen. Manchmal kannst du *bastoners*, traditionelle katalanische Tänzer, sehen. Sie tanzen mit Stöcken, sind weiß gekleidet und tragen farbige Tücher um den Hals und Schärpen um die Taille.

DIE TRADITIONELLE KATALANISCHE FRAUENTRACHT BESTEHT AUS EINEM ROTEN ROCK, EINEM WEISSEN OBERTEIL, EINER WEISSEN SCHÜRZE UND EINER SPITZENMÜTZE.

ZUR TRADITIONELLEN KATALANISCHEN MÄNNERTRACHT GEHÖREN EINE SCHWARZE HOSE, EINE WESTE UND EINE ROTE MÜTZE, DIE *BARRETINA* GENANNT WIRD.

PLAÇA SANT JAUME

PASSEIG DE GRÀCIA

TOLLE FLIESEN

PASSEIG DE GRÀCIA UND ANDERE ORTE

Design wird in Barcelona großgeschrieben, selbst unter deinen Füßen. Überall in der Stadt gibt es die unterschiedlichsten Arten von Straßenfliesen, sogenannte *panots*. Jeder Bezirk hat seinen eigenen Fliesenstil. Die bekanntesten *panots* sind die *Flor de Barcelona* mit vierblättriger Blume und die *pedrera*, die von Gaudí entworfen wurde und auf der Blumen und Pflanzen zu sehen sind. Die schönsten *pedrera-panots* kannst du dir in der Passeig de Gràcia anschauen.

ROTE FLOR-DE-BARCELONA-FLIESEN KENNZEICHNEN DIE MODERNISME-ROUTE. SIE BEFINDEN SICH VOR JEDEM WICHTIGEN MODERNISME-GEBÄUDE.

MUSEU DEL DISSENY

ETWAS FÜR DICH DABEI?

MUSEU DEL DISSENY

Barcelonas Design-Museum zeigt, was die Stadt in puncto Design so alles drauf hat – von Grafiken über Möbel bis hin zu Mode aus den unterschiedlichsten Epochen. Das Museum beherbergt eine fantastische Sammlung moderner Kleidung und historischer Trachten, darunter zwei 1700 Jahre alte Tuniken.

DIE MODEFIRMEN MANGO UND MASSIMO DUTTI STAMMEN URSPRÜNGLICH AUS BARCELONA.

BARCELONA BEI DIR ZU HAUSE

BD BARCELONA DESIGN

Der BD Concept Store ist ein riesiges Kaufhaus, fast so groß wie ein Museum. Hier werden in Barcelona designte Stücke verkauft, z. B. nachgebaute Möbel berühmter Künstler. Hier kannst du von Gaudí entworfene Stühle oder ein von Salvador Dalí entworfenes Sofa kaufen, das wie ein riesiger roter Mund geformt ist.

BD BARCELONA DESIGN

ÜBERALL IN BARCELONA

MODE-HYPE

MEHRERE ORTE IN DER STADT

Auf der Fashion Week stellen Designer ihre Kreationen vor und hoffen, einen Preis zu bekommen. Vertreter der Welt-Modepresse säumen den Laufsteg, wenn die Models die heißen Klamotten vorführen, die bald in die Geschäfte kommen.

Suche: KULTIGES SPANIEN

FÄCHER-SPRACHE

Der spanische Fächer hat sein eigenes Design – und eine Geheimsprache:

- Hälst du ihn geschlossen ans Herz, bedeutet das „Ich liebe Dich".
- Schlägst du ihn geschlossen auf deine Hand, heißt das „Lass mich in Ruhe".

SMART CITY

PARC DEL FÒRUM UND ÜBERALL IN DER STADT

Barcelona ist berühmt für seine innovativen Technologie-Anwendungen. Beispielsweise gibt es im Fòrum die größte Solarkraftanlage Europas, die Strom für über 160 000 Haushalte erzeugt. Jedes Jahr findet hier die Smart City Expo World statt, auf der Neues zum städtischen Leben sowie smarte digitale Ideen dazu vorgestellt werden.

PARC DEL FÒRUM

ZUM STAUNEN

Diese Tour voller Aahs und Oohs führt zu den ungewöhnlichsten Sehenswürdigkeiten der Stadt, von einem todbringenden historischen Springbrunnen über Schokohäuser bis hin zu einem Clown, der seit über 100 Jahren Musik macht.

TÖDLICHSTER SPRINGBRUNNEN DER WELT

QUECKSILBER-SPRINGBRUNNEN, JOAN MIRÓ STIFTUNG

In den 1930er-Jahren hat der amerikanische Künstler Alexander Calder diesen Springbrunnen entworfen, der mit reinem Quecksilber betrieben wird. Quecksilber ist extrem giftig. Das wusste man damals aber noch nicht. Der Springbrunnen steht jetzt hinter Glas, sodass du weder die Dämpfe einatmen noch deinen Finger in die schön anzusehende, aber tödliche silberfarbene Masse stecken kannst.

ERINNERUNGEN AN EIN GESPALTENES LAND

LUFTSCHUTZBUNKER 307, CARRER NOU DE LA RAMBLA

Im Spanischen Bürgerkrieg wurde Barcelona 190 Mal bombardiert. Die Bewohner mussten sich Luftschutzbunker bauen, um sich vor dem Bombenhagel zu schützen. Dieser Bunker wurde in den Hang des Montjuïc gegraben; heute ist er für die Öffentlichkeit zugänglich. 2000 Menschen fanden hier Zuflucht. Das Problem war nur, dass man ihn nach dem Ertönen der Sirenen in wenigen Minuten erreichen musste. Bei dem schlimmsten Bombenangriff kamen im März 1938 über 1000 Menschen ums Leben.

WACHSFIGUREN-
KABINETT

SUPERMANS HEIMAT

DAS WACHSFIGURENKABINETT

Superman lebt in einer kleinen Seitenstraße am Ende der La Rambla. Nun ja, nicht Superman persönlich, sondern seine Wachsfigur, genauso wie die vieler anderer Promis. Hier kannst du z. B. Picasso und Don Quijote und einigen anderen in diesem Buch genannten Persönlichkeiten tief in die Augen schauen. Superman steht oben auf dem Dach. Startklar, falls er schnell los muss, um jemanden zu retten!

200+
WACHSFIGUREN IM MUSEUM

CARRER DEL PARADÍS

UNTERWEGS BEI DEN RÖMERN

AUGUSTUS-TEMPEL, CARRER DEL PARADÍS

Vier riesige Säulen stehen versteckt in einem Hof in der Nähe des Stadtzentrums. Sie sind über 2000 Jahre alt und stammen aus der Zeit, in der die alten Römer Barcino, das heutige Barcelona, gründeten. Die Säulen waren früher Teil des großen Augustus-Tempels, in dem Kaiser Augustus als Gott angebetet wurde. Römische Priester brachten hier den Göttern Opfergaben. Die Eingeweide der geopferten Tiere schauten sie sich dann genau an, um daraus die Zukunft abzulesen.

VERRÜCKTE SAMMLUNG

MUSEUM FREDERIC MARÈS, PLAÇA SANT IU

Frederic Marès, ein sammelwütiger Bildhauer, lebte früher in Barcelona. Zu den Sammlungen in seinem Museum gehören Scheren, Spielzeugsoldaten, Babywiegen, Brillen, Schlüssel, Pfeifen, Handschuhe, Fächer, Broschen, Spielkarten, Hutnadeln, Zugtickets, Schnupftabakdosen, Uhren, Modellautos, Spielzeugroboter, Schaukelpferde, Puppentheater, Spazierstöcke, Puppenstuben, Kameras, Kämme, Schmuck, Nussknacker, Parfumflacons, Nadelkissen, bestickte Geldbörsen und alte Fahrräder.

PLAÇA SANT IU

CARRER PRINCESA

DAS IST MAGISCH!

EL REI DE LA MÀGIA, CARRER PRINCESA

Du brauchst einen Zauberstab? In Barcelona gibt es einen der ältesten Zauberläden der Welt. Er wurde 1881 gegründet. Hier gibt es eine Zauberschule, ein Zaubermuseum und Zauberworkshops, in denen man sich neue Tricks ausdenkt. Im El Rei de la Màgia (Zauberkönig) gibt es Show-Plakate und Monturen, die einige der größten Zauberer aller Zeiten benutzt haben. Es ist ein toller Ort für junge Zauberer, um Tipps und Tricks für ihre eigene tolle Zaubershow zu bekommen.

ZAUBERTRICKS WAREN IN BARCELONA NICHT IMMER GERN GESEHEN. IM MITTELALTER RISKIERTE JEDER, DER EINEN ZAUBERTRICK ZEIGTE, AUF DEM SCHEITERHAUFEN ZU LANDEN, WEIL ER ANGEBLICH MIT DEM TEUFEL PAKTIERTE.

MMM…USEUM

MUSEU DE LA XOCOLATA, CARRER DEL COMERÇ

Kakaobohnen wurden im 16. Jahrhundert von spanischen Eroberern aus Mittelamerika mit nach Europa gebracht. Barcelona war einer der ersten Orte, in dem es diese Bohnen und bald auch Schokoriegel und heiße Schokolade gab. In dem Museum erfährst du, wie Schokolade gemacht wird, außerdem kannst du unglaubliche Schoko-Skulpturen bestaunen, darunter schokoladige Versionen von so berühmten Bauwerken wie der Sagrada Família. Die Eintrittskarte ist ein Schokoriegel.

CARRER DEL COMERÇ

Suche: SÜSSES GEHEIMNIS

SCHOKO-VERSTECK

Als die Spanier die ersten Kakaobohnen aus Mittelamerika mitbrachten, machten sie den süßen Genuss nicht publik. Englische Matrosen, die spanische Schatzschiffe plünderten, warfen die Bohnen über Bord, weil sie dachten, es sei Schafskot.

TIBIDABO

BEWEGLICHE WUNDER

MUSEU D'AUTOMATS, TIBIDABO

Bevor Roboter erfunden wurden, gab es Automaten – mechanische Modelle, die meisterhaft aus vielen kleinen beweglichen Teilen zusammengesetzt waren. In diesem Museum sind etwa 40 dieser wunderschönen Modelle zu Hause, einige sind neu, einige sehr alt und selten. Das älteste Modell ist ein 130 Jahre alter Clown, der Mandoline spielt.

UNTERWEGS ENTDECKT

Es gibt viele interessante Dinge in den Straßen Barcelonas. Auf dieser Tour erfährst du, welche Geschichten hinter einigen verblüffenden Sehenswürdigkeiten stecken.

START

JOAN MIRÓ PARK

DAME AM POOL

FRAU UND VOGEL, JOAN MIRÓ PARK

Eine der berühmtesten Skulpturen des Barceloner Künstlers Miró steht an einem Becken in einem nach dem Künstler benannten Park. Es ist eine weibliche Figur mit einem Vogel auf dem Kopf. Ursprünglich wollte Miró seine Skulptur *Frau Pilz mit Mondhut* nennen. Mit Vögeln wollte er die Verbindung zwischen Erde und dem Sternenhimmel über uns symbolisieren. Mehr über Miró erfährst du auf Seite 56.

20 M HOCH

SYMBOLISCHE STEINE

VIER SÄULEN, PLAÇA D'ESPANYA

Diese mächtige Vier-Säulen-Skulptur hat eine geheime Mitteilung an alle Katalanen. Ihre Form gibt die Streifen der katalanischen Flagge wieder, ein Symbol für die Unabhängigkeitsbestrebungen Kataloniens. Die Säulen wurden 1928 zerstört, 2011 aber wieder vollständig rekonstruiert.

PLAÇA D'ESPANYA

FREDERIC MARÈS MUSEUM

EI-GENARTIG

TANZENDE EIER, FREDERIC MARÈS MUSEUM UND ÜBERALL IN DER STADT

60 Tage nach Ostersonntag, also Anfang Juni, wirst du etwas ziemlich Komisches in den Springbrunnen in Alt-Barcelona sehen. Auf den Wasserfontänen schaukeln Eier, denn es ist *L'Ou Com Balla*, was übersetzt bedeutet „Wie das Ei tanzt“. Dieses Fest wird seit etwa 400 Jahren gefeiert, aber niemand weiß genau warum. Es könnte sein, dass die Eier das Wiedererwachen des Lebens im Frühling darstellen sollen.

DIE TANZENDEN EIER WERDEN AUSGEBLASEN UND DANN MIT WACHS VERSIEGELT. SIE SOLLEN JA SCHLIESSLICH DAS RICHTIGE GEWICHT HABEN, DAMIT SIE NICHT VON DER FONTÄNE RUNTERFALLEN.

RAMBLA DEL RAVAL

DICKE KATZE

DIE RAVAL-KATZE, RAMBLA DEL RAVAL

Diese große, pummelige Katze wurde von dem kolumbianischen Bildhauer Fernando Botero entworfen. Viele Leute versuchen, auf ihr rumzuklettern. Das ist aber gar nicht so einfach. Die Katze hat noch einen Freund, ebenfalls von Botero – ein Pferd, das an Barcelonas Flughafen steht und Neuankömmlinge begrüßt.

7M LANG

2M HOCH

CARRER DE LES MOSQUES

SURRENDES ECK

CARRER DE LES MOSQUES

Die Carrer de les Mosques ist Barcelonas schmalste Straße. *Carrer* ist das katalanische Wort für Straße und *mosques* für Fliegen. Die Straße heißt so, weil vor vielen, vielen Jahren hier immer viele Fliegen rumschwirrten, die von den Düften des in der Nähe gelegenen Markts im Stadtviertel El Born angelockt wurden. Da der Markt heute ein Kulturzentrum ist, gibt es hier keine Fliegen mehr.

GESCHICHTSTRÄCHTIG

EL BORN CENTRE CULTURAL I DE LA MEMÒRIA

Hier kannst du dir ein ausgegrabenes Viertel und eine Ausstellung von Gebrauchsgegenständen, z. B. Teller und Krüge, ansehen. Die Menschen, die hier lebten, sind geflohen, als Barcelona 1714 belagert wurde und in die Hände der spanischen Truppen fiel. Sie ließen ihr ganzes Hab und Gut zurück.

EL BORN CENTRE DE CULTURA I MEMÒRIA

DER SPANISCHE KÖNIG PHILIP V. MARSCHIERTE IN KATALONIEN EIN UND TRUG AM 11. SEPTEMBER 1714 DEN SIEG DAVON. AN DIESEM TAG VERLOR KATALONIEN SEINE UNABHÄNGIGKEIT. HEUTE IST DER TAG NATIONALFEIERTAG KATALONIENS.

ZIMMER MIT AUSSICHT

BARCELONETA ART

Am Strand von Barceloneta steht eine berühmte Statue: aufeinander gestapelte rostige Metallwürfel, wie kippelige Stockwerke eines alten Hauses. Damit soll des alten Fischerviertels gedacht werden, das hier niedergerissen und durch das moderne Barceloneta ersetzt wurde.

UNTEN AM STRAND VON BARCELONETA STEHEN FÜNF KOMISCH DREINSCHAUENDE PERSONEN MIT LANGEN REGENMÄNTELN IN EINEM KÄFIG UND IGNORIEREN EINANDER. DIE FIGUREN SIND AUS BRONZE GEFERTIGT, ENTWACHSEN GROSSEN KUGELN UND SIND TEIL DER MYSTERIÖSEN SKULPTUR „EIN RAUM, IN DEM ES IMMER REGNET". DAS KUNSTWERK IST VON JUAN MUÑOZ UND DER KÄFIG SOLL VON EINEM GEWÄCHSHAUS IM CIUTADELLA PARK INSPIRIERT WORDEN SEIN – DEM UMBRACLE.

EINE FIGUR IN DER FIGUR

BARCELONA HEAD, PORT VELL

Straßenkunst ist in Barcelona recht beliebt – auch Roy Lichtenstein, ein US-amerikanischer Pop-Art-Künstler, hat unten am Meer seinen Beitrag dazu geleistet. Sein Werk ist ein riesiger Kopf im Comicstil, der mit zerbrochenen Fliesen bedeckt ist – ganz im Stil von Gaudí.

WENN DU DIR DEN KOPF GENAU ANSIEHST, ENTDECKST DU EINE ZWEITE VERRÜCKT AUSSEHENDE FIGUR: DAS BLAUE AUGE UND DIE NASE DES GROSSEN GESICHTS SIND GLEICHZEITIG ARM UND KÖRPER EINES EIGENARTIGEN SCHÄDELS MIT GELBEN AUGEN.

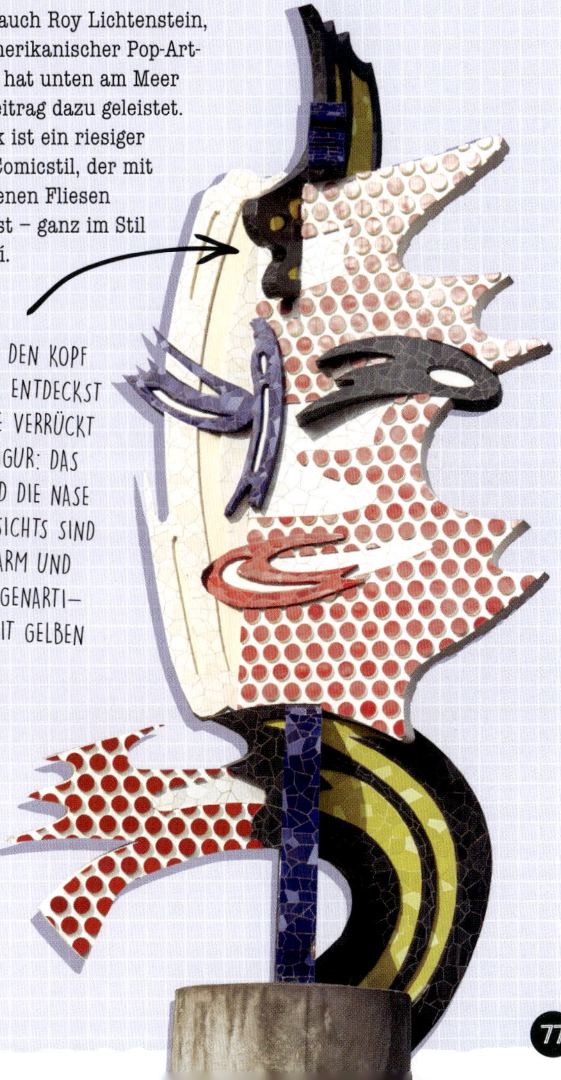

FALSCHE RICHTUNG

KOLUMBUS-DENKMAL

Am Ende der La Rambla steht auf einer Säule ein riesiger Mann, der in Richtung Meer zeigt. Es ist Christoph Kolumbus, ein Entdecker, der im 15. Jahrhundert gen Westen segelte, um eine neue Route nach Asien zu finden. Stattdessen entdeckte er aber Inseln in der Karibik und Amerika. Anfangs dachte er stolz, er sei in Indien gelandet.

NIEMAND WEISS GENAU, WIE KOLUMBUS EIGENTLICH AUSSAH, DENN ZU SEINEN LEBZEITEN WURDEN KEINE PORTRAITS VON IHM GEMACHT.

WO GEHT'S LANG?

Einige Leute denken, dass Christoph Kolumbus in Richtung Amerika zeige. Tatsächlich deutet er aber nach Nordafrika und, wie der Bildhauer wollte, einfach nur Richtung Meer.

KOLUMBUS-DENKMAL

WENN DU MAGST, KANNST DU MIT DEM FAHRSTUHL HINAUF AUF DIE AUSSICHTSPLATTFORM UNTER KOLUMBUS' FÜSSEN FAHREN UND DIR DIE STADT VON OBEN ANSCHAUEN.

60M HOCH

45,7CM LANG IST DER FINGER DER STATUE

ROYALS ALS GÖNNER

DAS SPANISCHE KÖNIGSPAAR FERDINAND UND ISABELLA UNTERSTÜTZTEN KOLUMBUS FINANZIELL. NACH SEINER RÜCKKEHR LEGTE ER IN BARCELONA AN, UM IHNEN EINEN BESUCH ABZUSTATTEN. ES HEISST, ER SEI IN EINEM TRIUMPHZUG ZUR PLAÇA DEL REI GELAUFEN. DORT SOLL ER DEN MONARCHEN GOLD, ANANAS, TABAKPFLANZEN UND EINE HÄNGEMATTE GESCHENKT HABEN, ALLES DINGE, DIE ER VON SEINER REISE MITGEBRACHT HATTE. DARUNTER WAREN AUCH MENSCHEN, DIE ER IN DER KARIBIK ALS SKALVEN GEFANGEN GENOMMEN HATTE.

EIN KNABE AUS BARCELONA?

In der Vergangenheit meinten Historiker, Kolumbus käme aus Katalonien und nicht aus Genua, wo er – wie man jetzt weiß – geboren wurde. Dieses Gerücht hat vielleicht dazu beigetragen, dass die Stadt mit der Statue, die 1888 aufgestellt wurde, einverstanden war.

IN STEIN GEHAUEN

Rund um den Sockel der Statue ist die Geschichte von Kolumbus' erster Reise zusammen mit vielen historischen Personen aus damaliger Zeit abgebildet. Unter den Figuren sind auch zwei der Unglücksraben, die Kolumbus als Sklaven mitgebracht hat. Einige Leute in Barcelona möchten, dass die Statue abgerissen wird, weil Kolumbus ein Sklavenhändler war.

GESPENSTISCH!

Man erzählt viele Legenden und Geistergeschichten über unheimliche Dinge, die sich einst im alten Barcelona ereignet haben sollen. Darüber willst du mehr wissen? Dann ist diese gespenstische Geistertour genau das Richtige!

START

EIN ENDE MIT STIL

MUSEU DE CARROSSES FÚNEBRES

In diesem Museum erfährst du, wie die Toten in Barcelona zu Grabe getragen wurden, vor allem im 19. Jahrhundert. Ausgestellt sind einige ausgefallene, von Pferden gezogene Leichenwagen, in denen die Särge zu ihrer letzten Ruhestätte gebracht wurden. Sie sehen aus wie schaurige Versionen von Märchenkutschen.

MUSEU DE CARROSSES FÚNEBRES

DEN TEUFEL AUSGETRICKST

SANTA MARIA DEL PI BASILICA

Diese hübsche Kirche soll einst vom Teufel heimgesucht worden sein. Es heißt, dass der Erbauer nicht mehr genug Steine für die Fertigstellung des Turms hatte. So versprach er dem Teufel seine Seele im Tausch gegen Steine. Sie sollte fällig werden, sobald er die hundertste Stufe in dem Turm gebaut und somit die Kirche fertiggestellt hätte. Der Erbauer nahm die Steine, baute aber nur 99 Stufen und rettete sich so vor dem Teufel.

SANTA MARIA DEL PI BASILICA

CARRER DE L'ARC DE SANT RAMON DEL CALL

VERGIFTETE LIEBE

HAUS DES ALCHEMISTEN, CARRER DE L'ARC DE SANT RAMON DEL CALL

Einst lebte in dieser Straße im Haus Nummer acht ein jüdischer Alchemist (Arzneihersteller). Seine Tochter verliebte sich in einen jungen Christen. Sie bat ihn, öffentlich zu ihrer Liebe zu stehen, doch er lehnte ab. Enttäuscht beendete das Mädchen die Beziehung. Nun schlug die Liebe des jungen Mannes in Hass um. Tatsächlich besuchte er den Vater des Mädchens und kaufte dem Ahnungslosen eine vergiftete Rose ab. Mit einem Verlobungsversprechen überreichte er sie der Tochter, sie roch daran und starb. Das brach ihrem Vater das Herz, er verließ die Stadt und verfluchte sein Haus.

WEGEN DES FLUCHS STAND DAS HAUS DES ALCHEMISTEN JAHRHUNDERTELANG LEER. HEUTE BEFINDET SICH DARIN EIN INFORMATIONSZENTRUM DER JÜDISCHEN GEMEINDE BARCELONAS.

UNHEIMLICHE SCHUHE

DAS HAUS DES HENKERS, PLAÇA DEL REI

Traditionell lebten die Henker Barcelonas hier in diesem kleinen Haus. Dieser ohnehin schon schaurige Job brachte ihnen sogar noch ein paar viel schaurigere Nebeneinnahmen ein. Sie konnten die Körper der Gefangenen für medizinische Zwecke verkaufen, auch ihre Kleidung und Schuhe konnten sie zu Geld machen. Das Schuhwerk brachte gutes Geld, denn die Einheimischen glaubten, dass die Schuhe eines Hingerichteten böse Geister vertreiben würden, wenn man sie vor die Haustür stellte.

PLAÇA DEL REI

HEXENSCHULE

CARRER DE LA NEU DE SANT CUGAT

Im Mittelalter war es nichts Besonderes, Menschen der Hexerei zu beschuldigen und sie auf dem Scheiterhaufen zu verbrennen! Häufig traf dieses ausgesprochen grausame Schicksal Frauen, die aus Kräutern Medizin machten. Der Legende nach soll hier an dieser Stelle früher eine Hexenschule gestanden haben. Einige der Schüler sollen gefangen genommen und verbrannt worden sein.

LAUSIGER JOB

CARRER DELS CORDERS

Dies ist die Straße der Seilmacher. Barcelonas Seilmacher wurden von den Menschen gemieden, da sie Henkersschlaufen für Hinrichtungen herstellen mussten. Sie durften keine Kirchen besuchen, denn es hieß, dass sie teuflische Kräfte hätten – z. B. könnten Sie mit den Ohren wackeln, und wenn sie auf den Boden spuckten, würden aus ihrer Spucke Würmer wachsen!

MANCHMAL HABEN DIE VERWANDTEN VON ZUM TODE VERURTEILTEN DIE SEILMACHER BESTOCHEN, DAMIT SIE EIN SCHWACHES SEIL FERTIGTEN. WENN DIE SCHLAUFE WÄHREND DES HÄNGENS RISS, WURDE DER VERURTEILTE BEGNADIGT.

CIUTADELLA PARK

UNHEIMLICHE KREATUREN

NATURKUNDEMUSEUM IN ALT-BARCELONA, CIUDTADELLA PARK

Im alten Naturkundemuseum sollen Tiere herumgeistern, die einst hier ausgestellt waren! Es soll vorgekommen sein, dass Museumswächter nachts durch gruselige Geräusche von spukenden Kreaturen zu Tode erschreckt wurden! Bibber!

PLAÇA DE SANT PERE

DIE NACHT DES RITTERS

PLAÇA DE SANT PERE

Mit dem ältesten Teil der Stadt sind viele Geistergeschichten verbunden. An dieser Ecke hier soll ein Geist namens Pere Pals sein Unwesen getrieben haben. Er war ein mittelalterlicher Ritter, der sich in eine Nonne verliebt hatte, die hier in einem Kloster lebte. Als er versuchte, zu ihr zu gelangen, wurde er von Geisterwölfen getötet, weil er es gewagt hatte, sie zu lieben. Anscheinend geistert er noch immer hier herum und sucht seine verlorene Liebe.

DAS ALTE MUSEUMSGEBÄUDE IST ALS CASTELL DELS TRES DRAGONS (BURG DER DREI DRACHEN) BEKANNT. ES WURDE 1888 ANLÄSSLICH EINER GROSSEN AUSSTELLUNG IM PARK ERÖFFNET. DRACHEN LEBTEN HIER ABER NIE ... ODER DOCH? VIELLEICHT SCHLAFEN SIE JA HIER IRGENDWO IN DER NÄHE!

Suche: GESPENSTISCHE ORTE

PLAÇA DEL COMERÇ In der Mitte des kleinen Platzes befinden sich eine große Uhr und eine Laterne. Es heißt, dass man nachts Geister sehen kann, die durch den Schein der Laterne huschen.

CARRER DE LA FLOR DE LLIRI In dieser Straße gab es früher viele Gasthäuser. Man erzählt, dass mehrere Gäste unter mysteriösen Umständen verschwanden und nie wieder auftauchten!

REGISTER

REGISTER